建功立德论孙韶

洪淳生　叶　杰◎主编

文匯出版社

图书在版编目(CIP)数据

建功立德论孙韶 / 洪淳生, 叶杰主编. -- 上海:文汇出版社, 2019.12
ISBN 978-7-5496-3113-1

Ⅰ. ①建… Ⅱ. ①洪… ②叶… Ⅲ. ①孙韶-人物研究-文集 Ⅳ. ①K825.2-53

中国版本图书馆 CIP 数据核字(2020)第 007324 号

建功立德论孙韶

主　　编 / 洪淳生　叶　杰
责任编辑 / 熊　勇
装帧设计 / 深蓝文化

出版发行 / 文匯出版社
上海市威海路 755 号
(邮政编码 200041)
印刷装订 / 成都兴怡包装装潢有限公司
版　　次 / 2019 年 12 月第 1 版
印　　次 / 2019 年 12 月第 1 次印刷
开　　本 / 880mm×1230mm　1/32
字　　数 / 150 千
印　　张 / 6

ISBN 978-7-5496-3113-1
定　　价 / 35.00 元

序言

我们建德市这个地名就是因为三国时期的战将孙韶有战功被封到建德这里而起的。孙韶是三国时期的建德侯，一千七百余年以来，孙韶一直是建德人民非常崇敬的人物。

“建德”一词一开始就蕴含着建功立德的思想，成为建德人民终生奋斗的目标。自孙韶受封以来，他一直为后人学习和践行建功立德思想树立了标杆，成为人们心中无法逾越的高峰。他的事迹被陈寿写入《三国志》，被罗贯中编入白话小说《三国演义》，成为人们代代相传的经典故事。自孙韶之后，建德历史上还出现过许许多多的历史名人，如唐朝的李频，宋朝的江公望、马大同、叶义问等，这些人物的成长都多少受到孙韶的影响。

如果要追本溯源的话，孙韶则是我们建德建功立德思想传承的老祖宗，他的一生战功卓绝，精心辅助吴王孙权，用实际行动很好地诠释了建功立德的精神与思想。如今建功立德的思想早已广泛深刻地植入人们的灵魂，在新的时代又被赋予了新的思想与文化内涵。

2017年市委开展建功立德大讨论活动，并以此为抓手，促进建德各项工作的开展。我们觉得开展建功立德大讨论这项活动非常有意义，已经成为建设幸福美好新建德的强大的精神动力。广大市民也将在新的历史时期，努力为建德建功立德做出自己新的更大的贡献。

洪淳生　叶杰

2018年6月28日夜

目录 CONTENTS

附录

建德侯孙韶

——对比《三国志》和《三国演义》

迟敬义

公元221年，三国吴主孙权称王时，因功封将领孙韶为建德侯，但并没有封邑。公元225年，孙权分富春置建德县，并将建德之处分封于孙韶。直到此时建德之地始有其名，自此建德与孙韶有了联系，研究建德就要从孙韶开始，同时研究孙韶也要从建德开始。二者息息相关，不可或缺。

一、建德

杭州建德市在浙江省西部，钱塘江上游，位于北纬29°12′20″~29°46′27″，东经118°53′46″~119°45′51″。建德市东临浦江，南与龙游县毗邻，西南与衢州市相交，西北与淳安县为邻，东北与桐庐县交界。

1.1 建德历史概括

建德：是指建立德行或功业。在东汉班固的《两都赋》序中言道："道有夷隆，学有麤密，因时而建德者，不以远近易则。"

建德古为越地。根据《史记·秦始皇本纪》记载：秦王嬴政二十五年（前222）"王翦遂定荆江南地；降越君，置会稽郡（郡治在今江苏吴县）”。

《后汉书·孝顺孝冲孝质帝纪第六》记载：东汉顺帝刘保永建四年（129）“是岁，分会稽为吴郡”。

《淳熙严州图经》《万历严州府志》《太平寰宇记》《建德县志》民国版等都载有“建德县，本汉富春县地”。

到了三国吴大帝孙权黄武四年（225），孙权把富春县分出去部分土地，设立桐庐、建德、新昌（即寿昌）三个县，把建德县给孙韶作为封地，建德之名自此始。

1.2. 建德的历史名人

建德的历史名人亦是不少，如春秋末期吴国大夫、军事家伍子胥，西汉武帝刘彻时期，中大夫、会稽太守朱买臣，三国东吴建德侯孙韶，唐朝诗人李频。

归根结底建德之名始于三国，始于公元225年，始于三国东吴建德侯孙韶。

二、《三国志》中的建德侯孙韶

建德侯孙韶是春秋时期著名的军事家、政治家，有“兵圣”之称的孙武后代，东汉献帝建安九年（204），孙韶统帅孙河的军队，被孙权任命为承烈校尉。后任广陵太守、偏将军。魏文帝黄初二年（221），孙权受封吴王，孙韶升任为扬威将军，封建德侯。东吴大帝黄龙元年（229），孙权称帝，任命孙韶为镇北将军。后让其遥领幽州牧，假节钺。东吴大帝赤乌四年（241），孙韶去世。

2.1 少年孙韶

孙韶的父亲不知是何人，史书未载。裴松之在注《三国志·吴书·宗室传》引韦曜（韦曜本名昭，晋朝史官避司马昭讳而改）撰《吴书》记载孙韶伯父孙河是东吴武烈皇帝孙坚的族子。

“河，坚族子也。”

族子本义，指的是祖父的亲兄弟的曾孙，即伯叔祖父（即从祖祖父）的曾孙，即祖父的侄曾孙（即族曾孙），是父亲的堂兄弟（即从父兄弟）的孙子，即堂伯叔父（即从祖父）的孙子，即父亲的堂侄孙（即族孙），是自己的从兄弟（即从祖兄弟）的儿子，是儿子的族兄弟。

孙韶伯父孙河深受孙坚器重，史载：

“河质性忠直，讷言敏行，有气干，能服勤。少从坚征讨，常为前驱，后领左右兵，典知内事，待以腹心之任。又从策平定吴、会，从权讨李术，术破，拜威寇中郎将，领庐江太守。”

孙韶自幼跟随伯父，必然是耳闻目染，受教良多、因为伯父孙河成为孙坚的心腹，自然孙韶亦成为长沙桓王孙策的儿时玩伴，虽说在辈分上有差别，也丝毫不影响两人之间的友好关系。孙韶本名俞韶，因为孙策对他颇有喜爱，所以恢复原来的姓氏，为孙姓。并且列入孙氏的宗谱之中，这样孙韶才得以认祖归宗。

在吴大帝孙权时代时，孙权的弟弟、东吴的偏将军、丹杨太守孙翊被害，孙河去指责妫览和戴员，结果被他们两个人杀害。此时年少孙韶，听说叔叔孙河被杀害，并没有哭泣，而是为防止发生内乱而积极防备。于是他立刻召集叔叔孙河的部众，修整京城防卫，造战船，修器械，准备御敌。

根据《三国志·吴书·宗室传》记载：

“韶年十七，收河余众，缮治京城，起楼橹，修器备以御敌。”

吴国大帝孙权听说叛乱，立刻从外地返回，夜晚装作叛军来试探孙韶防备如何，经过试探发现孙韶所率部众防御得当，遂告知实情。孙权于是更器重他。

《三国志·吴书·宗室传》记载：

“即拜承烈校尉，统河部曲，食曲阿、丹徒二县，自置长吏，一如河旧。后为广陵太守、偏将军。”

2.2 中年孙韶

到了孙权称吴王时，孙韶迁扬威将军，封建德侯。建德因孙韶而扬名。

《三国志·吴书·吴主传》中，裴松之注引晋朝张勃所著《吴录》记载：黄初四年（223）冬天，魏文帝曹丕到达广陵，在长江检阅军队，甲士十万人，准备对东吴用兵。孙权设防严密，当时天寒地冻，江面结冰，战船无法驶入长江之中，文帝曹丕叹息说：“唉，这是上天要把南北分开啊！”于是回军。孙韶派遣部将高寿等人率领五百敢死之士在魏军必经之路进行截杀，魏文帝曹丕惊慌失色。孙韶的部将高寿截获了准备供文帝换乘的车辆及伞盖返回。

孙韶身为将军，胆识和谋略都是相当过人。能够出奇制胜，运筹帷幄有将相之才，多次受到孙权的器重。吴国对魏国的战争，建德侯孙韶是主要将领。

《三国志·魏书·魏明帝纪》记载：魏明帝曹叡青龙二年、吴大帝孙权嘉禾三年（234）五月，孙权入居巢湖口（今天安徽巢湖口），向合肥新城（今天的合肥市西北）进军，又派遣大将陆议、孙韶各自率领万余进入汉水上游流域。七月，魏明帝曹叡亲征讨孙权，孙权退走，大将孙韶等也被迫退军。

同样的记载于《三国志·吴书·吴主纪》：

“嘉禾三年……夏五月，权遣陆逊、诸葛瑾等屯江夏、沔口，孙韶、张承等向广陵、淮阳，权率大众围合肥新城。是时蜀相诸葛亮出武功，权谓魏明帝不能远出，而帝遣兵助司马宣王拒亮，自率水军东征。未至寿春，权退还，孙韶亦罢。”

不仅仅受到孙权的倚重，还受到孙权相当的信任。孙权在东吴吴黄武八年，同时是魏明帝曹叡太和二年和蜀后主刘禅建兴七年，即公元229年称帝时，册封孙韶为镇北将军。之后孙权十数年不曾与孙韶相见。孙权再次回到建业时才得以相见，孙权询问孙韶青州、徐州的情况。孙韶如数家珍，同时对魏国边疆的将帅都了如指掌。孙权欢悦曰："吾久不见公礼，不图进益乃尔。"孙权再次加封孙韶为遥领幽州牧，假节钺之权。

孙韶在吴、魏边疆领兵几十年，善于训练士卒，他的部众全部都肯拼杀，他派出的斥候往往深入敌境，这样就可以得到更多的情报，早做防备。《三国志》本传中记载："常以警疆场远斥候为务，先知动静而为之备，故鲜有负败。"

此外青州、徐州、汝、沛等地相继有许多人归附，曹魏在淮南沿江的屯兵都撤出百里之外，怕孙韶的斥候窥探军中的情况，靠近吴、魏边界的徐、泗、江、淮之地方圆百里之内都没有人居住。

2.3 孙韶的后人

孙韶于东吴赤乌四年（241）去世。孙韶一共有五个儿子。只有二儿子孙越袭爵建德侯。

三、《三国演义》中的建德侯孙韶

孙韶的名字在《三国演义》之中一共出现过十次。分别出现在《三国演义》第八十六回：难张温秦宓逞天辩　破曹丕徐盛用火攻和第一百〇二回：司马懿占北原渭桥　诸葛亮造木牛流马。

3.1 孙权回护孙韶

在《三国演义》第八十六回中，在夷陵战役之后，蜀国邓芝使吴，吴国和蜀国修好。魏文帝于是决定伐吴，大怒曰："吴、蜀连和，必有图中原之意也。不若朕先伐之。"于魏黄初五年秋八月，曹丕命人造龙舟十艘，每艘可容二千余人，收拾战船三千余艘。准备伐吴。吴国以徐盛为安东将军，总镇都督建业、南徐军马，来抵挡曹丕伐吴。孙韶亦属徐盛统领，他对徐盛不攻只守的策略，心中十分不服，主动请战，欲与魏军一战定胜负。主帅徐盛不准，曰："曹丕势大；更有名将为先锋，不可渡江迎敌。待彼船皆集于北岸，吾自有计破之。"

这里提到魏国名将有伐吴前部的虎豹骑统帅曹真，先行大将有身为五子良将的三人：前将军张辽、车骑将军张郃、后将军徐晃，还有擅长水战的长安乡侯文聘，中军护卫有素有"虎痴"之称的许褚和威虏将军吕虔，后队统领为镇南将军曹休。另外刘晔、蒋济为参谋官。

在魏国的强大阵容面前，系吴国安危于一身的徐盛自然不会轻易让孙韶出击魏营。然而孙韶主动向主帅徐盛请缨，主帅徐盛不同意，韶再三请缨，徐盛以孙韶违抗军法，命人推至辕门斩首。

孙权听到这个消息，亲自来到法场救人，孙权对孙韶的回护可见一斑，爱护有加。

3.2 孙韶建立奇功

孙韶被孙权救下之后，居然甘冒军法，也要偷袭曹营。是夜，人报徐盛说："孙韶引本部三千精兵，潜地过江去了。"

此时的魏帝曹丕正在感叹徐盛防御有方："魏虽有武士千群，无所用之。江南人物如此，未可图也！"忽然狂风大作，白浪滔天，又有人报："赵云引兵出阳平关，径取长安。"魏帝曹丕不得已下令撤军之时，背后吴兵追至。丕传旨教尽弃御用之物而走。龙舟将次入淮，忽然鼓角齐鸣，喊声大震，刺斜里一彪军杀到：为首大将，乃孙韶也。魏兵不能抵挡，折其大半，淹死者无数。诸将奋力救出魏主。

且在发兵之前对吴主孙权奏曰："臣往年在广陵，深知地利；不就那里与曹丕厮杀，直待他下了长江，东吴指日休矣!”这里表现出了孙韶的勇猛和胆气，对于形势判断有敏锐性。

3.3 孙权器重孙韶

在《三国演义》第一百〇二回中，孔明欲与东吴共同讨伐魏国，请费祎出使建业，入见吴主孙权。在孙权与费祎的对话之中，再次见到了孙韶的身影。

权览毕，大喜，乃谓费祎曰：“朕久欲兴兵，未得会合孔明。今既有书到，即日朕自亲征，入居巢门，取魏新城；再令陆逊、诸葛瑾等屯兵于江夏、沔口取襄阳；孙韶、张承等出兵广陵取淮阳等处：三处一齐进军，共三十万，克日兴师。”费祎拜谢曰：“诚如此，则中原不日自破矣!”权设宴款待费祎。

另外在蔡东藩的《中国历代通俗演义》中《后汉演义》第九十四回“木门道张郃毙命　五丈原诸葛归天”吴国伐魏一小节中，亦出现了孙韶的名字。文中有“孙韶等也即回军”。

不难看出孙韶在外作战独自另一军。在孙氏宗亲之中，唯有孙韶可当大任，受到重用，也可见孙权对他的倚重。

四、小结

《三国志》和《三国演义》中的建德侯孙韶是两个不同性格的人，史实中的建德侯更加老练、沉稳、有智谋、有担当，且部众都愿意追随左右，他镇守附近的人都愿意归顺。演义中的建德侯孙韶有冲劲，是血气之壮的勇士，极有胆勇。两者的共同点都是可以为倚重任，独当一面的大将之才。浙江杭州建德因孙韶而辉煌，孙韶因浙江杭州建德而添彩。

参考文献：

1. 〔晋〕陈寿，《三国志》，中华书局，2000 年版

2. 〔西汉〕司马迁，《史记》，中华书局，2000 年版

3. 〔南朝·宋〕范晔，《后汉书》，中华书局，2000 年版

4. 〔北宋〕司马光，《资治通鉴》，北京，中华书局，1956 年版

5. 谭其骧主编，《简明中国历史地图集》，中国地图出版社，1991 年版

6. 《中国历史年代简表》，文物出版社，2001 年版

7. 卢弼，《三国志集解》，中华书局，1982 年版

8. 蔡东藩《中国历代通俗演义》第一卷《后汉演义》，中国文史出版社

9. 周文业主编，邓宏顺编著，罗贯中《三国志通俗演义》，中州古籍出版社，2013 年版

10. 朱睦卿，《年幼负气极有胆勇——谈谈〈三国演义〉中的孙韶》，《阅读与欣赏》，1996.4

11. 鄢俊，《孙权、孙韶与建德》，富阳日报，2015 年 1 月 24 日

12. 《建德市地名志》，方志出版社，2015 年版

孙韶与孙权

单金发

孙韶（188—241），字公礼，吴郡梅城人。官职：镇北将军、幽州牧。容貌：身长八尺，仪貌都雅。伯父：孙河，子：孙楷、孙越（京下督）、孙异、孙奕、孙恢。

孙韶为三国时期吴国宗室武将，本姓俞氏，孙策时被赐姓孙。孙策爱其善用兵，有将才，收为义子，将他列名孙氏家族之中；后任将军，驻兵京城，造船舰，整修兵器，筑工事，修城垣，整训将士，戒备森严，以防敌人侵袭。

建安九年（204），伯父孙河（威冠中郎将，庐江太守）被害，孙韶继承了孙河的军队。孙韶统帅孙河的军队，被孙权任命为承烈校尉。后任广陵太守、偏将军。收罗孙河在京余众，缮治京城，构筑工事，修缮城池，起楼橹，造战舰，修兵器备以御敌。后来成为将军，镇守吴国都城。当孙权听到有乱事，自椒丘（今江西新建县北）经由丹杨回都，命令士兵作势进攻，孙韶立即严阵以待，一声令下，士兵立即箭如雨下。隔日孙权召见孙韶，封他为承烈校尉，可以使用曲阿、丹徒二县的税收，并且可以在该地自己任命官员。

黄初元年（220）孙权为吴王，封孙韶为扬威将军，封建德侯。黄龙元年（229），孙权称帝，任命孙韶为镇北将军，后加任孙韶，兼任幽州牧，假节。

孙韶曾在广陵守御，年少负气，极有胆勇。徐盛曰：“曹丕势大；更有名将为先锋，不可渡江迎敌。待彼船皆集于北岸，吾自有计破之。”韶曰：“吾手下自有三千军马，更兼深知广陵路势，吾愿自去江北，与曹丕决一死战。如不胜，甘当军令。”徐盛不从，孙韶坚执要去，盛只是不肯，孙韶再三要行。盛怒曰：“汝如此不听号令，吾安能制诸将乎？”叱武士推出斩之。刀斧手拥孙韶出辕门之外，立起皂旗。孙韶部将飞报孙权。孙权听知，急上马来救。武士恰待行刑，孙权早到，喝散刀斧手，救了孙韶。孙韶哭奏曰：“臣往年在广陵，深知地利；不就那里与曹丕厮杀，直待他下了长江，东吴指日休矣！”孙权径入营来。徐盛迎接入帐，奏曰：“大王命臣为都督，提兵拒魏；今扬威将军孙韶，不遵军法，违令当斩，大王何故赦之？”权曰：“韶倚血气之壮，误犯军法，万希宽恕。”盛曰：“法非臣所立，亦非王所立，乃国家之典刑也。若以亲而免之，何以令众乎？”权曰：“韶犯法，本应任将军处治；奈此子虽本姓俞氏，然孤兄甚爱之，赐姓孙；于孤颇有劳绩。今若杀之，负兄义矣。”盛曰：“且看大王之面，寄下死罪。”权令孙韶拜谢。黄武四年（225）十月，与部下高寿大败曹丕的军队，差点活捉曹丕。

黄龙元年（229），权称尊号，即孙权称帝后，调孙韶到北部边境任为镇北将军以抗魏。孙韶任边将十余年，与魏争战很少失利，军威振扬，有青、徐、汝、沛等地的魏国军士颇来归附，曹魏在淮南滨江一带的屯候皆彻兵远徙，徐、泗、江、淮之地，不居者各数百里。自孙权西征，还都武昌。韶不进见者十余年。权还建业，乃得朝觐。孙权问青、徐诸屯要害之处，远近人马众寡，魏将帅姓名，尽具识之，有问咸对。孙权非常欢悦地说："吾久不见公礼，不图进益乃尔!"加领幽州牧、假节。嘉禾三年（234）五月的第四次合肥之战，孙韶与张承负责进攻广陵与淮阴一带，七月撤退。时孙权迁都武昌，十余年后，孙权还都建业（南京），孙韶乃进京朝见。

赤乌四年（241），孙韶去世。后代始居梅城，五代十国间，因战乱迁居马目孙家山。子孙繁衍成村落，并另建建德侯庙。

（作者系浙江省长三角城乡社区发展研究院宗谱文化研究会会长）

谈孙韶

——读《三国志·孙韶传》有感

应守岩

孙韶在三国时并不是怎么知名的人物，在《三国演义》中几乎没有他的位置。今读了《三国志·孙韶传》，却认为此人不能等闲视之。

孙韶何许人也？孙韶（188—241），字公礼，三国吴吴郡（今江苏苏州）人。孙韶的父亲是谁？我们不得而知。但《孙韶传》介绍，孙韶是孙河的从子（即孙河是孙韶的伯父）。孙河，“字伯海，本姓俞氏，亦吴人也。孙策爱之，赐姓为孙，列之属籍。后为将军，屯京城”。又《吴书》曰：“河，坚族子也，出后姑俞氏，后复姓为孙。”由此可见，孙河本姓孙，过继姑改俞氏，最后又因军功由孙策赐复孙姓。因而孙韶也应是孙坚族子。因有这层关系，孙韶被列为孙氏宗室传。孙韶虽有孙氏宗室和伯父做将军这一层关系，其本身仍是一介平民，但他后来却以军务起家，最后拜将封侯：因军功官至扬威将军，封建德侯，成为建德孙氏的先祖；继而成为孙权的干城之将，加领幽州牧，假节。那么，他是如何成就人生辉煌岁月的呢？有两点值得我们重视。

一是此人头脑机灵，善于抓住机遇。

我们前面已介绍，孙河只是他的伯父，孙河有没有因此关系而关照他、重用他、提拔他，甚至有没有产生过这样的念头都不得而知。但孙韶的脱颖而出，确是与此有关，这是不争的事实。何以这样说？我们先来看看孙韶是怎样起家的。孙韶的起家得利于孙权部下的内讧。

我们知道，孙策平定江东后，为了巩固政权，采取了诛杀英豪的政策。当时有个吴都太守名叫盛宪，字孝章，素有高名，与孔融交好，却深为孙策所忌。因此在汉献帝建安九年（204），孔融担心盛孝章不免于祸，曾写给曹操一封书信，即著名的《与曹公论盛孝章书》，向曹操推荐盛孝章并为之求援。汉朝廷因此征召盛孝章为骑都尉，但诏书未到，孝章已被孙策之弟孙权所杀。后来孙权的弟弟孙翊以偏将军做了丹阳（今江苏江宁县）都太守，以礼敬为名，将逃亡到山中的盛孝章的部下故孝廉妫览、戴员招致之，并以览为大都督督兵，员为郡丞。但此二人却是贼心不改，常有杀翊之心，于是就跟孙翊的从人边洪结为心腹，共谋杀翊。最后终于阴谋得逞，在孙翊宴请诸将县令时，他俩指使边洪刺杀了孙翊。孙翊遇害后，孙韶的伯父孙河驰赴宛陵（今安徽宣城），怒责二人。二人商量道："伯海（指孙河）与将军疏远，而如此严厉地责备我等。讨虏（指孙权）若来，我等必死无疑也。"于是妫、戴二人又合谋刺杀了孙河，并企图勾结北方之兵，里应外合，投奔曹操。后妫、戴二人被足智多谋的孙翊夫人徐氏联合原孙翊的部下徐元、孙高、傅婴等所杀。（这段内容《三国演义》第三十八回《定三分隆中决策，战长江孙氏报仇》有精彩描写。）孙河被杀，他的部队因失去主将而四处流散。当此之际，当年只有十七岁的孙韶毅然挺身而出，以孙河子辈的名义"收河余众，缮治京城，起楼橹，修器备以御敌"。不仅挽救了这支军队，而且担当起御敌守城的责任。这个果断的行动是他一生的英明抉择。他抓住了这个千载难逢的机遇，不仅说明他头脑机灵和大有魄力，而且表现了他强烈的政治兴趣和社会责任心，这是一个统军将官的首要素养。因此，他的行为赢得了兵将上下的拥护和孙吴当局的支持。他成功了。这是他成就人生的第一步。

二是孙韶不仅头脑机灵，魄力果敢，而且事实证明，他确有才华和能力，并带领好这支军队，他是一个称职的将军。当孙权得知妫、戴背叛，孙翊和孙河相继被害的消息，那真是像坍了半壁江山，心急如焚，赶忙从椒丘（今江西新建县北）引军归吴，“夜至京城下营”，因不明就里，就“试攻之”。只见京城之兵“皆乘城传檄备警，欢声动地，颇射外人”。说明京城指挥有人，防守严密。于是孙权派使者晓喻城内，并带兵进城。第二天孙权接见孙韶，对孙韶大加赞赏。《孙韶传》写道：“甚器之，即拜承烈校尉，统河部曲，食曲阿、丹徒二县，自置长吏，一如河旧。”说明此时孙韶以他的实际才能赢得了孙权的信任和重用，并完全继承了孙河的官职和军权。

不仅如此，孙韶在日后的表现中，充分展现了他的政治品质和军事才能。一是他对国事的忠诚。他不像后来的一些官方人物，唯将官马首是瞻。为了向上爬，升官发财，千方百计拍领导的马屁，拉上级的关系，在“跑”字上下功夫，跑主管的后门，县城的跑省城，省城的跑中央，中央的跑一把手，请客送礼，无所不为。孙韶不是这样，而是兢兢业业，埋头官务，需跑则跑，该坐则坐，跑为歼敌，坐为镇守。《孙韶传》记载，“自权西征，还都武昌，不进见者十余年。”直到“权还建业，乃得朝觐”，尤其是当“权问青、徐诸屯要害，远近人马众寡，魏将帅姓名，尽具识之有问咸对”。其尽忠尽职，一身正气，由此可见一斑。二是孙韶作为防守边将，摆正了自己与战士及百姓的位置。他做到了爱惜士兵、善待百姓。再加上他有谋略，懂战术，比如他“常以警疆埸远斥候为务，先知动静而为之备，故鲜有负败”。因此，他的部下有尽忠之士，无叛国之将，正如《孙韶传》所说的：“韶为边将数十年，善养士卒，得其死力。”他所镇守的地方多归附之民，而无寻衅之敌，正如《孙韶传》所说的：“青、徐、汝、沛颇来归附，淮南摈江屯候皆撤兵远徙，徐、泗、江、淮之地，不居者各数百里。”可见边境无战事，天下太平。纵观古今，有几个守将能防守到如此境界？从中可看出，他不仅是个治军之良将，也是个治国之能臣。因此，孙权大为高兴，不仅拜他为镇北将军，还加领幽州牧，并特赐假节。

综上所述，孙韶的人生是比较完美的，他是得势的英雄，时代的宠儿。他处在一个沧海横流、龙争虎斗的时代，英雄有了用武之地；他遇到了赏罚分明，爱惜人才的吴主孙权，才能不被埋没，金子终于发光。但不可否认，他“成功的秘诀”，还在于他能“随时随地把握时机”（英国政治家狄斯雷利语）。更重要的，正如北朝文学家刘昼所说的：“龙蛇有飞腾之质，故能乘云伏雾；贤才有政理之德，故能践势处位。”（《刘子·均任》）他是个有“飞腾之质”的龙蛇，是个有“政理之德”的贤才，非一般的“上不能匡主，下无以益民”的尸位素餐的碌碌庸才可比。

2012 年 8 月 30 日初稿于杭州贡院寓所

建德侯孙韶

过承祁

《三国演义》第七回《袁绍磐河战公孙孙坚跨江击刘表》写道：

却说孙坚有四子，皆吴夫人所生：长子名策，字伯符；次子名权，字仲谋；三子名翊，字叔弼；四子名匡，字季佐。吴夫人之妹，即为孙坚次妻，亦生一子一女：子名朗，字早安；女名仁。坚又过房俞氏一子，名韶，字公礼。坚有一弟，名静，字幼台。

由上述判断，孙韶是孙坚从俞家过继来的儿子。孙韶是孙策的弟弟。

曹丕亲率水陆军马三十余万，来打吴国。孙权命徐盛抗魏。

盛谢恩领命而退；即传令教众官军多置器械，多设旌旗，以为守护江岸之计。忽一人挺身出曰："今日大王以重任委托将军，欲破魏兵以擒曹丕，将军何不早发军马渡江，于淮南之地迎敌？直待曹丕兵至，恐无及矣。"盛视之，乃吴王侄孙韶也。韶字公礼，官授扬威将军，曾在广陵守御；年幼负气，极有胆勇。盛曰："曹丕势大；更有名将为先锋，不可渡江迎敌。待彼船皆集于北岸，吾自有计破之。"韶曰："吾手下自有三千军马，更兼深知广陵路势，吾愿自去江北，与曹丕决一死战。如不胜，甘当军令。"盛不从。韶坚执要去，盛只是不肯，韶再三要行。盛怒曰："汝如此不听号令，吾安能制诸将乎？"叱武士推出斩之。刀斧手拥孙韶出辕门之外，立起皂旗。韶部将飞报孙权。权听知，急上马来救。武士恰待行刑，孙权早到，喝散刀斧手，救了孙部。韶哭奏曰："臣往年在广陵，深知地利；不就那里与曹丕厮杀，直待他下了长江，东吴指日休矣！"

权径入营来。徐盛迎接入帐，奏曰："大王命臣为都督，提兵拒魏；今扬威将军孙韶，不遵军法，违令当斩，大王何故赦之？"权曰："韶侍血气之壮，误犯军法，万希宽恕。"盛曰："法非臣所立，亦非大王所立，乃国家之典刑也。若以亲而免之，何以令众乎？"权曰："韶犯法，本应任将军处治；奈此子虽本姓俞氏，然孤兄甚爱之，赐姓孙；于孤颇有劳绩。今若杀之，负兄义矣。"盛曰："且看大王之面，寄下死罪。"权令孙韶拜谢。韶不肯拜，厉声而言曰："据吾之见，只是引军去破曹丕！便死也不服你的见识！"徐盛变色。权叱退孙韶，谓徐盛曰："便无此子，何损于兵？今后勿再用之。"言讫自回。是夜，人报徐盛说："孙韶引本部三千精兵，潜地过江去了。"盛恐有失，于吴王面上不好看，乃唤丁奉授以密计，引三千兵渡江接应。

却说魏主驾龙舟至广陵，前部曹真已领兵列于大江之岸。曹丕问曰："江岸有多少兵？"真曰："隔岸远望，并不见一人，亦无旌旗营寨。"丕曰："此必诡计也。朕自往观其虚实。"于是大开江道，放龙舟直至大江，泊于江岸。船上建龙凤日月五色旌旗，仪銮簇拥，光耀射目。曹丕端坐舟中，遥望江南，不见一人，回顾刘晔、蒋济曰："可渡江否？"晔曰："兵法实实虚虚。彼见大军至，如何不作整备？陛下未可造次。且待三五日，看其动静，然后发先锋渡江以探之。"丕曰："卿言正合朕意。"是日天晚，宿于江中。

当夜月黑，军士皆执灯火，明耀天地，恰如白昼。遥望江南，并不见半点儿火光。丕问左右曰："此何故也？"近臣奏曰："想闻陛下天兵来到，故望风逃窜耳。"丕暗笑。及至天晓，大雾迷漫，对面不见。须更风起，雾散云收，望见江南一带皆是连城：城楼上枪刀耀日，遍城尽插旌旗号带。顷刻数次人来报："南徐沿江一带，直至石头城，一连数百里，城郭舟车，连绵不绝，一夜成就。"曹丕大惊。原来徐盛束缚芦苇为人，尽穿青衣，执旌旗，立于假城疑楼之上。魏兵见城上许多人马，如何不胆寒？丕叹曰："魏虽有武士千群，无所用之。江南人物如此，未可图也！"

正惊讶间，忽然狂风大作，白浪滔天，江水溅湿龙袍，大船将覆。曹真慌令文聘撑小舟急来救驾。龙舟上人立站不住。文聘跳上龙舟，负丕下得小舟，奔入河港。忽流星马报道："赵云引兵出阳平关，径取长安。"丕听得，大惊失色，便教回军。众军各自奔走。背后吴兵追至。丕传旨教尽弃御用之物而走。龙舟将次入淮，忽然鼓角齐鸣，喊声大震，刺斜里一彪军杀到：为首大将，乃孙韶也。魏兵不能抵当，折其大半，淹死者无数。诸将奋力救出魏主。魏主渡淮河，行不三十里，淮河中一带芦苇，预灌鱼油，尽皆火着；顺风而下，风势甚急，火焰漫空，绝住龙舟。丕大惊，急下小船傍岸时，龙舟上早已火着。丕慌忙上马。岸上一彪军杀来；为首一将，乃丁奉也。张辽急拍马来迎，被奉一箭射中其腰，却得徐晃救了，同保魏主而走，折军无数。背后孙韶、丁奉夺得马匹、车仗、船只、器械不计其数。魏兵大败而回。吴将徐盛全获大功，吴王重加赏赐。张辽回到许昌，箭疮迸裂而亡，曹丕厚葬之，不在话下。（《三国演义》第八十六回《难张温秦宓逞天辩　破曹丕徐盛用火攻》）

从这段文字可以看出孙韶是孙权的侄儿。是因为孙策的喜爱，赐姓孙。孙韶有智有勇。当趁魏兵立足未稳进行攻击，等到魏兵过江，就太迟了。加上他曾在广陵，深知地利，但徐盛不允。二人争执，徐以孙韶不遵军纪，要杀他。幸亏，孙权赶到。但孙韶却说，你这等见识，死也不服。自己带本部三千，过江去打曹丕。徐盛怕孙权面上不好看，派丁奉接应。事实证明孙韶是对的，孙韶的出击，不仅让曹丕折了大将张辽，就连曹丕自己也差点被孙韶生擒。

《三国演义》关于孙韶的身世前后自相矛盾，一下孙韶是孙坚的继子，那就是孙策、孙权的兄弟；一下又是孙策的义子，赐姓为孙，言下之意孙韶为孙策义子，孙权之侄。

《三国志》是史书，所以应当是真实可靠的。《三国志》卷五十一《吴书六宗室》之《孙韶》：

孙韶字公礼。伯父河，字伯海，本姓俞氏，亦吴人也。孙策爱之，赐姓为孙，列之属籍。

裴　注

吴书曰：河，坚族子也，出后姑俞氏，后复姓为孙。

可是这段话说得不明白。孙策是赐孙韶姓孙呢？还是赐孙河姓孙呢？有一点在《裴注》里写得明白，就是孙河本来就是孙坚的族子，因为他本来就是姓孙的，后给了姑妈家姓了俞，但后来又姓了回来。

这段话可这样理解：孙韶的伯父孙河曾经过继给姑妈家姓了俞，但后来又姓了回来。伯父姓改姓俞，侄子就一定要跟着姓俞吗？这没道理。所以孙韶本来就姓孙，本来就是孙策、孙权的侄子。孙策赐姓定是孙河，而非孙韶。

这段话也可这样理解：俞韶的伯父俞河，原来叫孙河，是从舅舅家过继来的，后来又姓回了孙。伯父姓回了孙，侄子就一定要姓孙吗？不姓回孙的可能性大。孙河过继到俞家，一般情况下，就是因为俞家没有男丁，要添香火。后来有了俞韶，香火已续，所以俞河又回到姓孙。但此时，如果俞韶也跟着姓孙，那俞家岂不又没了男丁？再有，父亲姓孙，儿子跟着姓孙，有道理。伯父姓孙，侄子跟着姓孙，没道理。所以，如果孙韶是改姓而姓孙，那一定不是因为伯父，而是因为孙韶本人深受孙策喜爱。

《三国会要》的《吴宗室》是这样记载的：

孙河本姓俞氏，吴人也。孙策爱之，赐姓为孙，列之属籍。并在注里说明，这段文字记载来自于孙韶传。并同时也引用了裴注之“吴书曰：河，坚族子也，出后姑俞氏，后复姓为孙”。这段明显是从《三国志》中剪过来的，但同时说明作者认为被赐姓的是河，而不是韶。既然韶不是被赐姓孙的，那么只有一种可能让他姓孙，那就是韶本来就姓孙。再说《三国会要》的《吴宗室》还有这样的记载：孙桓，河子。建武将军，封丹徒侯。这段记载说明孙河有儿子，犯不着侄子跟着他姓来姓去。

韶年十七，收河余众，缮治京城，起楼橹，修器备以御敌。权闻乱，从椒丘还，过定丹杨，引军归吴。夜至京城下营，试攻惊之，兵皆乘城传檄备警，欢声动地，颇射外人，权使晓喻乃止。明日见韶，甚器之，即拜承烈校尉，统河部曲，食曲阿、丹徒二县，自置长吏，一如河旧。后为广陵太守、偏将军。权为吴王，迁扬威将军，封建德侯。权称尊号，为镇北将军。韶为边将数十年，善养士卒，得其死力。常以警疆场远斥候为务，先知动静而为之备，故鲜有负败。青、徐、汝、沛颇来归附，淮南滨江屯候皆彻兵远徙，徐、泗、江、淮之地，不居者各数百里。自权西征，还都武昌，韶不进见者十余年。权还建业，乃得朝觐。权问青、徐诸屯要害，远近人马众寡，魏将帅姓名，尽具识之，有问成对。身长八尺，仪貌都雅。权欢悦曰：“吾久不见公礼，不图进益乃尔。”加领幽州牧、假节。赤乌四年卒。子越嗣，至右将军。

由此可见，孙韶是个常胜将军，孙权十分器重。孙权为吴王后，黄初二年（221），封为扬威将军，封建德侯。时年孙韶三十四岁。三年后，与曹丕的寿春之战，并非完全因为孙韶是侄子，孙策喜爱，更是出于爱才。吴赤乌四年（241），孙韶五十四岁去世。他的儿子孙越，接替父亲，成为建德侯。

评曰：夫亲亲恩义，古今之常。宗子维城，诗人所称。况此诸孙，或赞兴初基，或镇据边陲，克堪厥任，不忝其荣者乎！故详著云。

这就是为什么要给孙韶立传的理由。孙韶是宗子，不是义子或是继子。

据方市编著《严州史话》所记：

吴黄武四年（225），又划出富春县一部分，设立建德县，作为孙韶的食邑。黄龙元年（229），孙权正尊号称帝，封孙韶为镇北将军。三国吴黄武四年（225），从富春县分置建德县，县城为今梅城，建德之名自此始。（《建德县地名志》第 29 页《建德县的沿革》）

《三国志》卷四十七《吴书吴主传第二》

裴　注

吴录曰：是冬魏文帝至广陵，临江观兵，兵有十余万，旌旗弥数百里，有渡江之志。权严设固守。时大寒冰，舟不得入江。帝见波涛汹涌，叹曰：“嗟乎！固天所以隔南北也！”遂归。孙韶又遣将高寿等率敢死之士五百人于径路夜要之，帝大惊，寿等获副车羽盖以还。

孙韶又一次让曹丕害怕。

三年春正月，诏曰："兵久不辍，民困于役，岁或不登。其宽诸述，勿复督课。"夏五月，权遣陆逊、诸葛瑾等屯江夏、沔口，孙韶、张承等向广陵、淮阳，权率大众围合肥新城。是时蜀相诸葛亮出武功，权谓魏明帝不能远出，而帝遣兵助司马宣王拒亮，自率水军东征。未至寿春，权退还，孙韶亦罢。

孙韶是本来就出生在建德这块土地？还是被赐到这里的呢？民国《建德县志》卷十四："孙韶字公礼，原县之俞姓子，孙策爱之，赐姓孙，列之属籍。"孙韶封建德侯是公元221年，建德置县是公元225年，孙韶的故乡在建德，原建德县的辖境是孙部的封地。故建德县名是因建德侯名而来，其义，取建立功德之意。(《建德县地名志》第34页《建德县名考》)

这样看来，孙韶原姓俞，他的伯父孙河过继到俞家，俞家又生了孙韶的父亲。后来伯父姓回孙，他是被孙策赐姓孙的。

这样，孙韶是孙权的表侄。但民国《建德县志》"原县之俞姓子"出自何处？暂无从稽考。

一切有待资料查寻。可是，有一点可以肯定，他是第一个有建德身份的人。据《三国会要》所记，孙韶的儿子孙越为嗣。孙越的哥哥孙楷归晋。

参考资料：

《三国志》〔晋〕陈寿撰，〔宋〕裴松之注。中华书局。2006.9

《三国演义》罗贯中，中华书局。2005.4

《三国会要》〔清〕钱仪吉撰。上海古籍出版社。2006.12

《建德县志》《建德县地名志》

《严州史话》方韦编著，天津古籍出版社

孙权、孙韶与建德

洪淳生

孙权是三国时期的风云人物，是吴国历史的开创者之一，是东吴帝国的缔造者。孙权是浙江富阳人，这是众所周知的，但他与浙江建德有着千丝万缕的关系，却很少为人提及。这如同严子陵隐居桐庐钓台，但严先生祠堂最早却在建德，同在一条新安江上，关系就是这样的密切。如吴均的《与朱元思书》一文中写道："自富阳至桐庐，一百许里，奇山异水，天下独绝。"虽只写到富阳、桐庐，却不知新安江两岸景色更绝。同条江上，能有两样的风景吗？

一、孙权外婆家在建德，建德梅城有口吴国太教子井

传说孙权的外婆家在建德市梅城镇。梅城从古至今一直流传着吴国太倚井教子的故事。1990 年，建德县梅城镇人民政府在梅城石板井头井旁竖立一块石碑，上面刻着碑文："六合古井，井深 7.5 米，水深 6 米，周围石板砌成，相传东汉末年，丹阳太守吴景家用水井，亦称吴国太教子井。吴景姐为孙坚夫人，生有策、权、翊、匡四子及一女儿。孙坚东征西讨，一门四孙一孙女在外婆家长大。一千八百余年来，居民世代在此汲取甘泉。录《建德县志》。梅城镇人民政府一九九〇年七月立。"

2004 年 1 月，建德市文物管委会又在此竖立一块石碑，刻着碑文：“建德市重点文物保管单位六合古井，建德市人民政府 2003 年 2 月 28 日通过，建德市文物保管委员会 2004 年 1 月 28 日立。”

关于吴国太教子井这一古老传说是否仅是当地老百姓和市(县)、镇政府一厢情愿的事情呢？不是的，这里有《三国志》卷五十《吴书·妃嫔传第五》中裴松之引用《会稽典录》一书为《三国志》作注可以引证说明这一故事。《会稽典录》曰：策功曹魏腾，以迕意见谴，将杀之，士大夫忧恐，计无所出。夫人乃倚大井而谓策曰：“汝新造江南，其事未集，方当优贤礼士，舍过录功。魏功曹在公尽规，汝今日杀之，则明日人皆叛汝。吾不忍见祸之及，当先投此井中耳。”策大惊，遽释腾。夫人智略权谲，类皆如此。

从这则引文中我们不难看出，吴国太倚井教子的故事并非空穴来风，历史上是实有其事并且是有案可稽的。从中我们还可以看出这位吴国太是很有主见和个性的女性，她在分析了孙策当时面临事业未成用人之际，如果任意开启滥杀士人之风，将带来众叛亲离的后果，指出了问题的严重性。同时还要逼迫儿子孙策采纳她的意见，如果不采纳，她将投井自尽。这一来孙策只有乖乖地采纳她的意见了。当然，平心而论，这个意见是非常有远见，非常正确的，同时也看出吴国太的魄力。

吴国太的眼力还反映在她嫁给孙坚这件事情上。《三国志吴书·妃嫔传第五》是这样记载的：孙破虏吴夫人，吴主权母也。本吴人，徙钱塘，早失父母，与弟景居。孙坚闻其才貌，欲娶之。吴氏亲戚嫌坚轻狡，将拒焉，坚甚以惭恨。夫人谓亲戚曰：“何爱一女以取祸乎？如有不遇，命也。”于是遂许为婚，生四男一女。

孙权母亲在家人竭力反对之下，她坚信自己的判断与看法，据理力争，一定要嫁给被人认为行为“轻狡”的孙坚，真是非常不容易。

另外在孙权少小年纪继承哥哥与父亲的事业，军政不稳之时，又是母亲为他做好辅助工作，这些在《三国志·吴书妃嫔传》中都有记载：“及权少年统业，夫人助治军国，甚有补益。建安七年，临薨，引见张昭等，属以后事，合葬高陵。”

二、孙权升孙韶为扬威将军，封建德侯

“建德”自三国黄武四年，即公元225年，析富春县置建德县一千七百八十四年以来，一直作为州府、专区地名，解放后又作为县（市）地名。说起这个地名，该是孙权的功劳，是他封自己的爱将孙韶为建德侯，这块土地成了孙韶的封地，才有这袭用一千七百余年的地名（当然，中间还用过睦州、严州这两个地名）。

1. 史书《三国志》中记载的孙韶其人

孙韶是浙江建德人。韶，字公礼。他的伯父名叫孙河，字伯海，本姓俞，是吴郡人。孙韶伯父最早是姓孙的，后来出继给姑妈做儿子，改姓为俞，后来姓孙，既是孙策因他有战功赐姓于他，更是恢复了自己原来的孙姓。这在《三国志》裴松之引用的《吴书》一书中有记载。“河，坚（孙坚）族子也，出后姑俞氏，后复姓为孙。河质性忠直，讷言敏行，有气干，能服勤。少从坚征讨，常为前驱，后领左右兵，典知内事，待以腹心之任。又从策平定吴、会，从权讨李术，术破，拜威寇中郎将，领庐江太守。”

过去人们看了《三国志·吴书·宗室传》中“孙韶字公礼。伯父河，字伯海，本姓俞氏，亦吴人也。孙策爱之，赐姓为孙，列之属籍。后为将军，屯京城”这段话，都认为赐姓孙是赐给孙韶。《建德县志》《严州古城梅城》等书中都这样认为，实际上这是一种误解。当然《三国志》中这段文字不注意看是有些指代不明的。后经严州中学历史教师毛飞明先生专门分析订正，人们才认识到这一看法的错误。为什么呢？因为文中是“孙策爱之，赐姓为孙”。当年跟着孙策去打天下的只能是孙河，因为孙策在兴平二年（195）带兵渡江征讨吴郡时孙韶当时还只有八岁，不可能上战场，为此，也不可能赐孙姓于他。

孙河年纪不大，被自己人所杀。事情是这样的：当初，孙权杀了吴郡太守盛宪，盛宪的老朋友孝廉妫览、戴员逃入山中藏起来。孙权的弟弟孙翊做丹阳太守时，仍对他们以礼相待，使他们都来归附。妫览为大都督领兵，戴员为郡丞。孙翊作战勇敢，骁勇凶悍，果敢刚烈，有他哥哥孙策的风范。太守朱治推举他为孝廉，被司空征召。建安八年，孙翊以偏将军身份兼任丹阳太守，当时他年纪只有二十岁。由于他的性格，可能在平时容易得罪人，后来被他的随从边鸿杀害。当孙翊遇害后，孙河飞马疾驰奔赴宛陵。愤怒指责妫览和戴员，认为他们没有尽到职责，为什么不阻止这起悲剧事件的发生。妫览、戴员两人商议说：“孙河跟孙翊关系不是非常亲近的，尚且这么严厉地指责我们，如果是讨虏将军孙权来了，我们两人就不可能活命了。”于是两人经过商量，就决定杀死孙河。

伯父孙河死时，孙韶还只有十七岁。孙韶就聚集了孙河留下来的兵士，修缮整治京城县域，建起瞭望敌情的高台，修理作战器具，时刻保持着高度的警惕性，以防备敌人的进攻。

孙权听说丹阳发生了叛乱，就带着部队前来平定丹阳的叛乱。当丹阳被平定后，孙权带领军队返回东吴。夜里到达京城扎营，孙权就想试探考察下孙韶守城部队的警惕性与防守能力。孙韶的守城部队发现敌情，马上进入紧急防卫状态。京城的士兵都快步登上城墙，迅速进入各自岗位，同时向其他守城部队传递军令，防备警戒。城头箭飞如雨，喧声动地。城外的攻城部队对孙韶守城部队的警备工作十分敬佩。孙权一看假戏真做，事情闹大了，马上派人前去说明事情真相。顿时，紧张的气氛才缓和下来，事情才得以停止。经过这次考验之后，孙权对孙韶的表现非常满意，同时也更器重他了，立即任命他为承烈校尉，统领孙河的军队，以曲阿、丹徒两县作为他的封地。于是，孙韶就按照自己当地的工作需要，自行设置官员，一切都像孙河在世一样。后来孙韶凭着自己卓越的战功，官至广陵太守、偏将军。公元 229 年，孙权在湖北武昌称帝后，就任命孙韶为镇北将军。在这之前，即孙权成为吴王之后，就升孙韶为扬威将军，赐封为建德侯。

孙韶做边防将领几十年，爱护关心自己的部下士兵，部下士兵都拼死替他效力。孙韶办事特别认真，在警戒边界的几十年时间中，每遇战事，总是派人深入敌后做好敌情侦察工作，这件事他总是当作一件非常重要的事来做。真正做到“知己知彼，百战百胜”。每次都能有备无患，所以交战后总能打胜仗。为此，青州、徐州、汝州等地的百姓都纷纷前来归附。魏国屯驻在长江边上的部队眼看无取胜的机会与可能，都纷纷撤兵远迁了。徐州、江淮一带，没有屯兵住人的地方有方圆几百里远。自从孙权西征，都城迁建武昌后，孙韶已有十几年没有朝见过孙权。后来，孙权又把都城从武昌迁回建业（现南京市），孙韶才又见到了孙权。孙权问起青州、徐州各个军营的主要情况，诸如人马多少、驻军远近、魏国将领的姓名，孙韶都能随口答出，准确无误。这让孙权感到非常放心与欣慰。孙韶身高八尺，仪容英俊，风度文雅，气宇轩昂，精神抖擞。望着眼前可爱的将军，孙权高兴地说道：“我很长时间没有见到公礼（孙韶的字），没想到你有这么大的进步。”从此，孙权就把更重要的任务交给孙韶去办，任命孙韶兼任幽州牧并投以节制部队的符节。赤乌四年，即公元 241 年，孙韶因病去世，享年五十四岁。孙韶的几个儿子都非常优秀，都是吴国的将军。

2. 小说《三国演义》中塑造的孙韶英雄形象

小说《三国演义》中塑造的孙韶形象是一个作战勇敢大胆，年轻气盛，风华正茂的青年将军形象。

魏主曹丕听说吴蜀要联合起来攻打魏国，心中十分恼火，于是就决定先下手为强，召集满朝文武大臣商议讨伐吴国。吴王孙权听到曹丕发动大军攻打吴国，心中十分恐慌，嘴上念念有词："非陆伯言不能当此大任。"但此时陆逊却在镇守荆州，抽不出身来，怎么办呢？正在忧愁之际，有一名将军自告奋勇地站出来愿意担任此重任，这个人就是徐盛将军。孙韶就是徐盛将军麾下的得力干将。徐盛领取作战任务后就着手部署，传令众官军多置器械，多设旌旗，以为守护江岸之用。从这些部署中可以看出徐盛的作战思想是稳重谨慎保守的，正如毛宗岗在点评此书中说的："其地曰徐，其将曰徐，其用兵亦不疾而徐。"

面对徐盛保守的打法，孙韶勇敢地站出来，发表自己的看法："今日大王以重任委托将军，欲破魏兵以擒曹丕，将军何不早发军马渡江，于淮南之地迎敌？直待曹丕兵至，恐无及矣。"徐盛听了孙韶的话，马上反驳："曹丕势大，更有名将为先锋，不可渡江迎敌。待彼船皆集于北岸，吾自有计破之。"这时，孙韶主动请战："吾手下自有三千军马，更兼深知广陵路势，吾愿自去江北，与曹丕决一死战。如不胜，甘当军令。"但徐盛坚决不同意。孙韶却执意要去。这可怎么办？在孙韶的再三请求下，徐盛火冒三丈："汝如此不听号令，吾安能制诸将乎？"于是就让手下武士推出去准备斩首。孙韶部下一看真要斩孙韶，顿时飞报于孙权。孙权深知这位族侄的鲁莽勇敢，更爱其忠心耿耿，于是立刻前来解救。孙韶哭着向孙权禀奏道："臣往年在广陵，深知地利；不就那里与曹丕厮杀，直待他下了长江，东吴指日休矣！”可见孙韶内心十分着急。但徐盛坚持临战前要稳定军心，非要对孙韶军法从事不可。孙权反复说情，还搬出他哥哥孙策，多次说及孙韶的勇敢及战功。最后徐盛看在吴主孙权的面上才饶了孙韶。可是早有计策在胸的孙韶却在半夜带领三千精兵，渡江过去迎战曹丕的部队了。徐盛毕竟是一军之主，只怕孙韶有什么闪失，对吴王孙权无法交代，于是叫来丁奉，授以密计，另外拨了三千精兵渡江前去接应。从这里可以看出徐盛是一个顾全大局的人，办事沉稳，不计较个人恩怨得失。

徐盛对丁奉授予的密计就是把江边芦苇扎成人形，穿着青衣，手执旌旗，立于假城疑楼之上，曹军一见这阵势，内心十分恐慌。正在这时又接到紧急消息，说赵云引兵出阳平关，径取长安。曹丕听后，大惊失色，正带部队丢兵弃甲往回撤时，忽听鼓角齐鸣，喊声大震，刺斜里一彪军马杀到：为首大将，乃孙韶也。魏兵不能抵挡，折其大半，淹死者无数。魏主曹丕带领残兵败将渡淮河时，行不到三十里，淮河中一带芦苇，预灌鱼油，尽皆着火。这就是徐盛早就安排下的计策之一。顺风而下，风势甚急，火焰漫空，截住龙舟。曹丕大惊，急忙下到随行的小船准备靠岸，这时龙舟已被大火烧着。曹丕在众官兵护拥下，慌忙上马。想不到岸上又有一彪人马杀来，为首的将军正是丁奉。魏军为了保护主子曹丕已损失许多人马。背后孙韶、丁奉夺得大批马匹、车辆、船只、器械。孙韶在这次战役中给曹丕军队以出其不意的重大打击，凭自己的英勇善战为吴国又立下新的汗马功劳。

综上所述，我们知道孙韶是一个非常有性格有主见的将军，英勇善战，对吴国忠心耿耿。虽然年轻气盛，但非常可爱。小说《三国演义》成功地为我们塑造了一个有勇有谋的战将形象。虽然从整部小说来说，孙韶的情节不多，但仅就这些篇幅，我们仿佛已看到栩栩如生、活灵活现的历史上真实鲜活的人物面容和性格。

三、孙权后裔在建德

为纪念建德侯孙韶，建德市有多处纪念性建筑。一是建德市新安江街道月坪公园中建有建德侯亭，二是建德市梅城镇大街上建有建德侯孙韶跨街石头大牌坊一座，三是建德市下涯镇丰和村孙家自然村建有孙家祠堂，四是建德市梅城镇北门街保留吴国太教子井，五是建德市梅城镇南峰塔景区内建有的五贤祠中为首的古代建德名人就是孙韶，另外四人是孟浩然、刘长卿、范仲淹、陆游。六是现在梅城镇又多处竖起了孙韶的高大形象。

建德孙姓与富阳孙姓乃同一祖宗。孙氏过去一直居住在河南洛阳。自齐景公赐齐大夫田书以孙姓，军事家孙武为三世孙。秦始皇统一中国，天下分为三十六郡，江南之富春是其中一郡，今富阳、桐庐、建德地域归富春郡所辖。魏晋之际，中原大战，全国出现人口第二次大迁徙，孙武之子明食邑富春，江南孙氏由此开始。乐安《孙氏宗谱》曾有记载："系出自有虞，降而田书受姓，食邑乐安（今山东博兴）；降而孙明，以父功食邑富春，此富春孙氏之由也。"田书受以孙姓后，以乐安为郡，生子凭，凭生武（孙武），孙姓由此誉载天下。谱又载："孙氏世居洛阳巩县，汉末国于三吴，街居富春。"孙武生有三子，老大叫孙驰、老二叫孙明、老三叫孙敌。孙权是从老二孙明这一支衍展而来的。孙明生孙腆，孙腆生孙胜。至十八世汉灵帝时，汉阳太守孙耽的长子，即振阳公孙钟曾种瓜于富阳平山，居住于瓜丘之地。孙钟生子孙坚，汉献帝时任长沙太守，孙坚生孙策、孙权、孙翊、孙匡四个儿子，另外还有一个女儿，名字历史上没有记载。孙权立国江东，为三国吴国大帝。时孙坚部将同族人俞河，本姓孙，曾过继给姑妈，后改姓俞，因作战勇敢，孙策赐姓孙，实际上是恢复孙姓，为孙策义子。孙河之侄孙韶于黄武四年（225）被封为“建德侯”，建德孙姓由此始，按世系排列为孙氏二十一世孙。孙韶后代始居梅城，五代十国时，因战乱迁居马目孙家山，并另建建德侯庙。每年都举行大型祭祖活动。目前建德市境内有孙姓人口 2821 人，占建德总人口 0. 57%，主要集聚地在建德市下涯镇丰和村孙家自然村。

综上所述，孙权是影响建德一千七百余年的历史人物。当然，他不光影响建德的历史进程，还影响浙江，甚至整个中国的历史进程。尤其是他开辟海上丝绸之路，影响达及东南亚地区一些国家，这就具有了影响世界进程的巨大历史意义。孙权不光影响建德的过去，还将影响建德的未来。他那勇于开拓、不断进取的开明君主形象与奋斗精神将更加激励我们在新的历史条件下，努力完成历史赋予我们光荣而神圣的使命，为社会做出自己应尽的努力与贡献。

处惊不乱是孙韶“鲜有负败”的关键能力

金　波

在《三国演义》和《三国志》中，孙韶无疑是被当作正面人物和英雄人物描写和记录下来的。事实上孙韶的确是个英雄。演义可以根据历史事实编造，志书应该是大体真实的。还有我们建德人值得骄傲的，以孙韶的功劳被孙权封为“建德侯”而置建德县名，这就是孙韶是英雄的有力证据。建德是“建功立德”的意思，应该说孙韶的“功”和“德”都是不错的，不然，孙权不会把这个封号和建德这个封地给他，他这个“英雄”的称号应该是当之无愧的。

历史成就英雄，英雄也成就历史。

成就英雄，英雄必须要有各种能力，假如英雄的能力低下，是当不了英雄的。能力有多种多样，成为英雄的能力也各不相同。孙韶是靠战功，一生战功显赫，史学家陈寿说他“韶为边将数十年，善养士卒，得其死力。常以警疆场远斥候为务，先知动静而为之备，故鲜有负败”。

陈寿这一评价很高，说明了孙韶这个英雄，的确具有各种能力。孙韶成为英雄，关键的能力是处惊不乱。处惊不乱是英雄的本色，是具有英雄气质的最根本的能力。苏轼在《留侯论》中说道:“古之所谓豪杰之士者,必有过人之节。人情有所不能忍者,匹夫见辱,拔剑而起,挺身而斗,此不足为勇也。天下有大勇者,猝然临之而不惊,无故加之而不怒。此其所挟持者甚大,而其志甚远也。”孙韶就有“猝然临之而不惊,无故加之而不怒”的处惊不乱的“过人之节”。

且看孙韶的几度的“惊”。

建安九年,孙绍 17 岁时,随伯父孙河在军中。孙韶身长八尺,仪貌俊雅,有孙河这棵大树的照应,应该是风华正茂,气吞万里如虎的少年英雄。这一年,孙河因为去丹阳追查被部下降将妫览、戴员所杀的太守孙翊,被妫览、戴员所杀。“时诸将皆知览、员所为,而力不能讨。览入居军府中,悉取翊嫔妾及左右侍御,复欲取徐”。可见,当时的形势不仅很乱,而且也很复杂。孙河应该离丹阳不远,妫览、戴员杀主将孙翊,作为孙氏的宗室,孙权的心腹大将孙河,义不容辞地赴入险地,不料被害。孙河当时有自己的军队三千余人,三千多的军队,突然没有了主将,军中有老将,有能力、有各种背景的人、各种想法的人,应该是大有人在的。此时孙河军队的处境应该是十分危险的。一方面是孙河军队内部要防止发生内乱,另一方面还要防止妫览、戴员的乘机偷袭,而孙权又出征在外,离得很远。这个情形,应该是十分的惊险,处置不好,就会出乱子,满盘皆输,形势险惊无比。

还是建安九年,孙韶凭着自己的能力与本领,接过了伯父孙河的军队。此时,孙权得到了妫览、戴员叛乱的消息,率领大军来平叛。时值晚上,孙权不明就里,下令进攻。这个时候,对孙韶来说也是十分惊险的。一是孙韶接替伯父孙河的军队不久,内部的军心还不稳。能不能守住城也难说。二是突然来进攻的部队的情况不明,谁为将，多少人，进攻的能力有多强？到底是敌人还是自己人的误打误判？孙韶不清楚，孙韶面对的情境是惊险的。

黄武三年，魏文帝曹丕亲率十万大军侵吴，旌旗弥野数百里，孙权也率部严阵以待。此时天寒地冻，舟船不能入江，两军对峙。孙韶从孙权出战，魏强吴弱，形势十分严峻，硬打，吴肯定吃亏。孙韶极想为孙权分忧，积极出战，一举打败魏军。如果没有极好的分析和谋划，没有处惊不乱的能力，敌强我弱，孙韶要出战，并且要打胜，是要冒极大风险的，也是很危险的。

嘉禾三年，魏明帝曹睿起三十万大军征吴，孙权拜徐盛为安东将军，孙韶从征。魏强吴弱，徐盛以“多置器械，多设旌旗”，准备进行持久战。孙韶不同意，仗着自己有三千能征善战的军队和广陵地形的熟悉，一而再，再而三地违背主帅徐盛的决定，执意要渡江去战，惹得徐盛火起，令推出斩首。刀斧手绑了孙韶到辕门外，孙韶部下急忙报告孙权，孙权来救，向徐盛说好话，让孙韶向徐盛道歉，孙韶死也不肯，不肯不说，还厉声还嘴，悻悻而去。这个时候，徐盛是一言九鼎的统帅，他要不买孙权的面子，或者徐盛不等孙权来救就下令开斩，孙韶一定成为徐盛的刀下之鬼，生命对孙韶来说，应该是瞬息之间的事情，他正处于“命悬一线”的紧急当中。而且去战也不一定能胜，不胜，孙韶还有活路吗？你说惊也不惊？

孙韶一生征战无数次，惊险之处应该不止这四次。且看孙韶是怎么对待这四“惊”的。

孙韶突然面对群龙无首的孙河的军队和虎视眈眈的叛乱军队，还有保卫京城，对孙权的江山负责的重任，他处惊不乱，沉着冷静，仔细认真地分析了当前形势，按轻重缓急的需要，利用自己平时在孙河军队里建立起来的威信，依靠孙河军队中的骨干，很快把孙河的军队掌握起来，“缮治京城，修楼橹，修器备以御敌”。在很短的时间内，孙韶不仅很快掌控了孙河的军队，挑起了重担，而且维持了京城的治安，准备、预防了敌人的进攻。一连做了大得人心的三件事情，初现了孙韶处惊不乱的处事能力。要知道孙韶此时只有17岁，他要面对这么个复杂的局面，按他的资历和威望是不够的，这完全凭他的处事能力和他与孙河部下和睦相处的良好关系，处理得非常有力与得体。

第二件事是孙韶接替了孙河的军队不久的一个晚上，突然有军队来进攻。在是敌是友，真相不明的情况下，孙韶更是沉着冷静，不管是谁，守住京城最要紧。他严阵以待，一声令下，士兵立即箭如雨下。志书说“兵皆乘城传檄备警，欢声动地，颇射外人”，进攻的军队见京城防守严密，只好退去。这件突然发生的事情要是没有处惊不乱的能力就糟了，不是临阵混乱，举措失当，京城被进攻的军队攻破，就是立功心切，开门去追杀因进攻不利而退去的军队，自己人打自己人，造成损失。这两种结果都是不好的。

第三件事情是在敌强我弱的情况下，孙权的战术是严阵固守。虽然天时地利对魏军不利，但力量的对比相当悬殊。孙韶要主动出战，而且要打胜仗，没有把握是不行的。孙韶是看准了魏军的弱点，才敢下定决心派手下大将高寿带五百名的敢死队，抄小路，以突然袭击的方式直冲魏文帝曹丕的军营，杀得魏军人仰马翻，惊慌失措，狼狈而逃，高寿夺得了曹丕副车的羽盖，自己没有损失全胜而还。这里，我们不得不佩服孙韶处惊不仅不乱，而且还凭借自己的能力，看准敌军的弱点，抓住战机，采取正确的打击方法，大获全胜。

第四件事情的情势与第三件事情差不多。魏强吴弱，徐盛要守，孙韶要主动出击。这里孙韶不是盲目地主动出击，他仗着自己的能力与对形势的正确分析，大义凛然、胸有成竹地与徐盛叫起了板。徐盛下不了面子，要将孙韶斩首。孙韶知道徐盛斩他不是真情，孙权救他应该是真情，不道歉并悻悻而去也，正是他性格的表现。孙韶私下里偷偷地带了手下三千军队“潜地过江”去了，结果与孙韶的想法相合，孙韶不仅取得了胜利，“折其大半”，而且差一点把魏主曹睿也抓住了。这里，我看徐盛也要不得不佩服孙韶的勇敢和过人的能力了。这里，孙韶有两种风险：一是徐盛假如真的要杀他，孙权不仅来不及救，而且也救不下来。二是孙韶假如打不了胜战，按孙韶的性格，他是不可能活着回来见孙权的。这两种结果，孙韶自己是知道的。但孙韶就是孙韶，他的能力决定了他不仅能够活，而且一定能够胜！

惊与乱是一个事物的两个方面：越惊越乱，越乱越惊和越惊越不乱，越不乱越不惊。这两个方面就能导致两种完全不同的结果：惊慌失措而惨败，沉着应对而胜利。孙韶无疑是个处惊不乱，沉着应对的高手，所以他在紧急危险的关头，总是看准了时机，并且把握住了时机，从而紧紧握住了胜利的旗帜。

孙韶为什么能够处惊不乱，在惊乱当中应对自如呢？

根据《三国志》和其他资料的考证，孙韶的处惊不乱的能力来自两个方面：一是孙韶善于学习。他不仅向书本上的兵书战策、古人打仗的经验学习，而且善于理论联系实际，把理论变成自己的东西。他每到一个地方，总是实地考察一番，调查研究一番。以了解风土民情，地理环境，以取得当地百姓的支持。经常深入到自己的将士当中，了解他们的想法与情况，及时地给他们解决问题，使将士们团结在他的周围，上下一心。他还通过各种办法了解敌方的情况，多少军队，有什么特点，甚至连将领的名字、性格、嗜好都了解得一清二楚，这样的军队怎能不打胜战呢？孙韶应该读书不多的，这完全凭他自己业余时间的刻苦学习而得来。孙权十几年不见孙韶，他的心中没有数，一见孙韶，与孙韶一谈，孙权不仅吃惊孙韶的因各种能力而取得的事实上的成果，而且还十分感叹孙韶善于学习而取得的各种能力，“吾久不见公礼，不图进益乃尔”。第二是孙韶有着丰富的实践经验，他有这个能力，完全是从实践战斗中成长起来的。孙韶 17 岁就顺利地接手了伯父孙河的军队，可见他 17 岁时就有超凡的能力，有不平凡的威信，要不然，孙韶不可能就掌握了因突然事变而群龙无首的孙河的军队。从中，我们也可以看出，孙韶在孙河的军队里，至少也有三四年的时间。少年时期的孙韶，跟随着伯父孙河，为孙坚、孙策东征西战，孙河孙坚孙策的一些做法战法，孙韶是看在眼里，记在心里的，并把他们的做法战法融化成自己的东西，使自己成为东吴的优秀将领。为东吴半壁江山的取得与巩固，立下了汗马功劳。

孙韶为当时结束江南的混乱局面成为统一的东吴是出了大力的，他应该是推动历史前进的人物，应该称之为英雄，被孙权封为“建德侯”也是当之无愧的。

从孙韶的姓氏说中国古代的赐姓制度

陆　进

笔者故乡“建德”的地名，是因三国时期吴将孙韶而来。陈寿《三国志》中，这样介绍孙韶：“孙韶字公礼。伯父河，字伯海，本姓俞氏，亦吴人也。孙策爱之，赐姓为孙，列之属籍。后为将军，屯京城。……权为吴王，迁扬威将军，封建德侯。权称尊号，为镇北将军。”建德在公元225年置县，辖境为孙韶的封地，故建德县名因孙韶封建德侯而来，取建功立德之义。

在《三国志》中，是把孙韶列入《吴书·宗室传》的，此卷还收入了孙河的儿子孙桓的事迹。这一切皆因孙策赐姓俞河孙姓而致。本文所关注的是，中国历史上的帝王赐姓制度，到底是怎么回事。

在中国，姓氏不仅仅是一个指代符号，还是血缘、家族乃至社会地位的象征，有着十分特殊的社会和政治意义。“不孝有三，无后为大”，后代传承的就是那个象征着家族香火和荣誉的姓氏。如果祖先的姓氏无法传承下去，那是为人子孙最大的不孝。大丈夫的一个标准就是“行不改姓，坐不更名”，可见，姓在古代中国人心目中的地位之崇高。

中国姓氏的起源，一是与原始社会的图腾崇拜密切相关，二是与母系社会分不开。“姓”字由“女”和“生”组成，说明最早的姓，是跟母亲的姓。我们从西周铜器铭文中，可以明确考定的姓有二十多个，大多数都从女字旁，如：姜、姚、姒、姬、娲、婢、好、妊、妃、嬴等。

有必要了解的是，在夏、商、周的时候，人们有姓也有氏，但是只有贵族才有氏，贫贱者有名而无氏。到战国后期，社会变动频仍，贵族日益没落，作为贵族独有标志的氏已无存在的必要。到秦汉时期，姓与氏的区别已经微乎其微。司马迁写作《史记》时，已经把姓、氏混为一谈。现在大家通常所说的姓氏，即为姓而已。

从姓氏起源来看，“天子赐姓”也是姓氏的一个主要来源。早在氏族社会的神话传说年代就已经出现了赐姓，但那时的赐姓主要是天子据某人祖先所生之地或其功绩而赐予姓氏，而非后世广泛使用的赐以国姓。

如“天子建德，因生以赐姓”。（《左传·隐公八年》）杜预注曰：“因其所由生以赐姓，谓若舜由妫汭，故陈为妫姓”；又如“赐姓曰姒，氏曰有夏，谓其能以嘉祉殷富生物也”。（《国语·周语下》）再如“大费拜受，佐舜调驯鸟兽，鸟兽多驯服，是为柏翳，舜赐姓嬴氏”。（《史记·秦本纪》）

自秦始皇统一中国后，赐姓现象渐渐普遍起来，并形成了一套相对完备的赐姓制度。“赐姓命氏，因彰德功”，皇帝赐给臣民姓氏，成为帝王用来维持和加强统治的手段之一。其中最常见的就是以皇族姓氏赐予功臣，以示褒宠。中国历代封建帝王都把天下视为自己一家一姓之天下，因而天子的姓氏即为“国姓”，受到举国的尊崇。被赐以国姓，是为人臣者最为荣耀的事。

如“於是上曰：本言都秦地者娄敬……赐姓刘氏”。（《史记·刘敬叔孙通列传》）又如“帝喜曰：纯臣也。诏授黎州总管，封莱

国公。赐姓”。(《新唐书·李勋传》)再如“彬亦建功，渐谋进用，赐姓朱氏”。(明·田艺蘅《留青日札·江彬》)

由此看来，作为精神奖励的姓氏赐予，与作为物质奖励的财产赏赐，在性质上是一样的。都是历代封建帝王对臣子褒功奖德、笼络人心的政治手段，是王权政治的派生物。

当然，也有一些是其他目的和方式的赐姓。简要划分一下，中国古代的赐姓制度主要有以下几种：

第一是赐国姓。如前所述，不再赘言。仅举一例，明末郑成功因战功卓著而被隆武帝赐姓朱，所以民间俗称郑成功为“国姓爷”。有意思的是，一般被赐国姓者，大多是在开疆、拓土、征伐、平叛等重要的军事战争中立过大功的武将，文臣被赐国姓者总体而言比较少。可以说，赐姓多发生在政局不稳的动乱时期，以收揽有功之将，安抚天下人心，清明盛世则甚少有赐姓的记载。

第二是赐他姓。一般是因避讳或取其姓名之意而赐。如后梁时，成汭因犯后梁祖讳，梁太祖赐其姓周；后唐明宗曾赐“蕃将惕隐姓名为狄怀惠，则骨姓名为列知恩，舍利则剌姓名为原知感，骨姓名为服怀造，奚王副使竭失讫宜姓名为乙怀宥”。(《旧五代史》)

西魏时，恭帝赐后朝隋文帝杨坚之父杨忠鲜卑姓氏“普六茹”。后杨坚掌权后恢复汉姓“杨”，并让宇文泰鲜卑化政策中改姓的汉人恢复汉姓。

第三是赐恶姓。赐姓是一种嘉奖，赐恶姓则是一种惩罚。如武则天夺得皇后之位，诛杀高宗原皇后王氏和宠妃萧良娣，分别将其改姓为蟒和枭(《新唐书·后妃传》)；武氏专权引得李唐宗室琅琊王李冲及其父越王李贞等起兵反对，被镇压后，武则天便将这些李姓诸王及其子孙更姓虺氏(《旧唐书·则天皇后纪》，虺：毒蛇)。

总之，帝王赐姓在中国历史上是种极高的精神奖励方式。被赐国姓且属籍宗室，不仅仅只是姓氏的变化，还意味着被赐者成为名副其实的皇亲国戚。他们及其子孙后代，从此都享有作为皇室宗亲的一系列优厚待遇。

最后，我们再回到孙河被赐姓的那个历史时期。孙韶的伯父俞河，与孙策本是姑表兄弟。俞河“为人忠直，处事有方，冲锋陷阵，每为前驱。对于这样一位战将，而且又是亲戚，孙氏爱之，赐姓孙，列入家谱，于是改叫孙河。随军生活的俞韶也随伯父同时改姓，称孙韶”。(罗嘉许《建德侯孙韶的故事》）既如此，孙韶及孙河的儿子孙桓的事迹被列入《三国志·吴书·宗室传》，也就不足为奇了。

建德侯孙韶考

汪建春

孙策赐孙韶姓孙之说，可以追溯到明朝万历六年编纂的《严州府志》，该志卷十记载："孙韶，字公礼，本姓俞，孙策爱之，赐姓孙，列之属籍。"（见书目文献出版社《万历严州府志一太守》卷 10 第 237 页。）后来编纂的《民国建德县志》、新编《建德县志》以及《梅城镇志》皆沿袭此说。此种说法错就错在将《三国志 · 孙韶传》中的"伯父河，字伯海，本姓俞氏，亦吴人也。孙策爱之，赐姓为孙，列之属籍。后为将军，屯京城。初，孙权杀吴郡太守盛宪，宪故孝廉妫览、戴员亡匿山中，孙翊为丹阳，皆礼致之：览为大都督、督兵；员为郡丞。及翊遇害，河驰赴宛陵，责怒览、员，以不能全权，令使奸变得施。二人议曰：'伯海与将军疏远，而责我乃耳。讨虏若来，吾属无遗矣。'遂杀河"。（见上海古籍出版社《三国志集解》第七册 3148 页至 3150 页。）有意删掉，断章取义。把孙河本姓俞篡改成孙韶本姓俞，赐孙河姓孙讹为赐孙韶姓孙。但是，《万历严州府志》没有提到孙韶是建德（梅城）人，将他列为太守（地方官）。在卷一"建置沿革"里又说建德侯是孙皓。(《万历严州府志》卷 1 第 15 页。)《民国建德县志》说孙韶是"原县之俞姓子孙"。说孙韶是建德梅城人由此开始。新编《建德县志》以及《梅城镇志》皆仍其说，并说孙策收孙韶为“义子”。

据裴松之注《三国志》引《吴书》记载：“河，坚族子也，出后姑俞氏，后复姓为孙。”（《三国志集解》第七册3148页）所谓族子，查《辞源》，是指同族兄弟之子，自高祖四世而上称为族子。由此看来，孙河本来就姓孙，由于孙河的姑父年老无子，孙河过继给姑父为嗣，改姓为俞。后来随孙策南征北战，恢复姓孙。所以《三国志》将孙河、孙韶安排在《吴书·宗室传》里，可见孙河、孙韶与孙策同一个家族，都是富春（今富阳）人。《三国志》里亦没有孙策收孙韶为义子的记载。《建德姓氏·孙姓》说：“吴赤乌四年（241），孙韶卒。后代始居梅城，五代十国时，因战乱迁居马目孙家山，并另建建德侯庙。”（见天津古籍出版社《建德姓氏·孙姓》第115页）据《三国志·孙韶》记载：孙韶“赤乌四年（241）卒，子越嗣，至右将军。越兄楷，武卫大将军、临成侯，代越为京下督。楷弟异，至领军将军；奕，宗正卿；恢，武陵太守。天玺元年，徵楷为宫下镇、骠骑将军”。（《三国志集解》第七册3154页）从记载来看孙韶有五个儿子，那么，是哪个儿子始居梅城呢？查《淳熙严州图经》《景定严州续志》《万历严州府志》以及《民国建德县志》等都找不到相关佐证，亦同样找不到有关“建德侯庙”的记载。不知此说从何而来。

《太平寰宇记》卷九十五云：“建德县，旧十六乡，今九乡。吴黄武四年（225）分富春县之地置，属吴郡，以封孙韶为侯。甘露元年（265），孙韶于水滨得大鼎进之，吴后主因改宝鼎元年（266），封孙韶为建德侯。”（见中华书局《太平寰宇记》第4册1911页）此说前言不对后语，自相矛盾。前说：“吴黄武四年（225）分富春县之地置，属吴郡，以封孙韶为侯。”后又说：“甘露元年（265），孙韶于水滨得大鼎进之，吴后主因改宝鼎元年（266），封孙韶为建德侯。”到底是黄武四年还是宝鼎元年呢？裴松之注《三国志》卷四十八吴景帝孙休永安三年（260）引《吴历》云：“是岁。得大鼎于建德县。”（见上海古籍出版社《三国志集解》第七册 2999 页）建德得大鼎应该是永安三年（260），不是甘露元年（265）。再说《吴历》亦没有记载孙韶献大鼎之事。据《三国志·孙韶传》记载，孙韶“赤乌四年卒（241）”。（《三国志集解》第七册 3154 页）已经病逝 25 年的孙韶怎么可能于甘露元年（265）将大鼎献给吴后主孙皓呢。《万历严州府志》和《民国建德县志》亦有同样记载，也许是从《太平寰宇记》里抄袭来的。那么，孙韶到底哪年被封为建德侯的呢？《三国志·孙韶传》云：“权为吴王，迁扬威将军，封建德侯。”（《三国志集解》第七册 3153 页）孙韶传中虽然提到孙韶封侯与孙权封吴王是同年，但没有说明孙韶封侯的具体时间。建德梅城南门大街新建的“建德侯”石牌坊的门楣上镌书：“孙韶字公礼梅城人善用兵有将才魏黄初元年孙权为吴王时升迁扬威将军封建德侯”。《建德姓氏·孙姓》云：“孙河之侄孙韶于黄武四年（225）被封‘建德侯’，建德孙姓由此始。”（见《建德姓氏·孙姓》第 115 页）据《三国志·魏文帝曹丕传》记载：“黄初二年（221）秋八月，孙权遣使奉章，并遣于禁等还。丁巳，使太常邢贞持节拜权为大将军，封吴王，加九锡。”（《三国志集解》第一册 299 页）由此而知，孙韶封建德侯应该是在黄初二年（221）。新建的“建德侯”石牌坊的门楣上镌书有误。孙韶封建德侯时，还没有设置建德县，属富春县。孙韶于黄初二年（221）封侯到吴黄武四年（225）设置建德县的时间相隔四年之久，《建德姓氏·孙姓》把孙韶封侯与建德置县的时间勉强扯在一起，实属牵强附会。

《淳熙严州图经》卷二云：“建德县，本汉富春县地，吴孙权黄武四年，分富春置，隶吴郡，封子皓为建德侯。”（见中华书局《宋元方志丛刊·淳熙严州图经》第五册4317页）《万历严州府志》卷一云：“建德县附郭，本东汉吴郡富春县地，吴孙权黄武四年，析建德县，隶吴郡，封其子皓为建德侯。”（见书目文献出版社《万历严州府志》第15页）顾祖禹在《读史方舆纪要》中说：“建德城，今府治，三国吴置县，孙皓初封建德侯，即此。”（见上海书店出版社《读史方舆纪要》第596页）《大清嘉庆一统志》在“建德故城”中亦说：“孙皓初封建德侯，即此。”（见上海古籍出版社《大清一统志》卷302第七册291页）民国三十七年（1948）《重修浙江通志稿》同样说：“吴封孙皓于此，取天子建德之义。”上述记载均有误。

《三国志·吴三嗣主传》云：“孙皓，字元宗，权孙、和子也。一名彭祖，字皓宗。孙休立，封皓为乌程侯。”该书又云：“永安元年冬十月己丑，封孙皓为乌程侯。”（见上海古籍出版社《三国志集解》第七册2994页、3010页）《元和郡县图志·湖州》引《吴兴记》云：“吴景帝封孙皓为乌程侯，及皓即位，改葬父和于此，遂立为吴兴郡。”（见中华书局《元和郡县图志》下册605页）《太平寰宇记》卷九十四云：“乌程县，旧三十乡，今一十五乡。本秦旧县。《越绝外传》云：‘秦始皇至会稽，徙於越之人於乌程’。吴孙皓尝封乌程侯。”（见《太平寰宇记》第四册1880页）据《三国志·孙韶传》记载：“权为吴王，迁扬威将军，封建德侯。”从上述记载来看，孙皓是乌程侯，孙韶是建德侯，是很明确的。从南宋《淳熙严州图经》到民国《重修浙江通志稿》都记载建德侯是孙皓。笔者认为，也许南宋陈公亮纂修《淳熙严州图经》期间，没有查阅过《三国志》，所以误认为孙皓是建德侯，后人在续修地方志时同样不作考订，以《淳熙严州图经》为依据，依样画葫芦以讹传讹。

浙江大学历史系教授何忠礼先生在《中国古代史史料学·后记》

中说得好：“若要搞好史学研究，必须以史料为中心，坚持实事求是的原则，不能哗众取宠，也不能人云亦云；不能以偏概全，也不能忽略细节问题；不能为迎合某种政治需要，写一些违心之作，也不能以个人的好恶来肆意褒贬人物或影射时政。应该牢牢地把握好当时的历史背景，以与古人对话的心态，从最基本的史实出发，让最基本的史实说话，这样才能得出令人信服并经得起时间考验的研究成果，也才能真正起到教育人和为社会服务的作用。”

孙韶建德侯是孙权敕封的吗？

汪建春

对于孙韶封建德侯是谁封的这个问题，由于史籍记载的含糊，存在一些歧异认识，尚有澄清的必要。因此，发表我个人的一点见解，由于学术水平有限，舛讹疏失难免，诚恳欢迎学术界同人批评赐教。

此事还得从孙权的父亲孙坚说起。孙坚在关东军阀联合讨伐董卓时，依附袁术，后奉袁术之命进攻刘表，被刘表的部下射死。孙权的兄长孙策继孙坚统领军队。最初“兵财千余，骑数十匹，宾客愿从者数百人”而已。汉建安元年（196）孙策攻破会稽（今绍兴市），到历阳（今安徽和县）时已发展到五六千人。孙策在牛渚（今安徽当涂西北）攻破刘繇，在秣陵（今南京市东南）打败笮融，得兵二万余人，马千余匹，威震江东。汉建安二年（197），孙策又打败了吴郡太守刘勋。曹操上表汉献帝授孙策为讨逆将军，封为吴侯。到汉建安五年（200），孙策已经占领会稽、丹阳、豫章、庐陵、吴郡、庐江等六郡，相当于今浙江、江西、江苏、安徽等省部分地区。就在这年二月，孙策被许贡门客杀死，其弟孙权袭职领兵。孙权招聘张昭、周瑜、鲁肃、程普等为依靠力量，讨伐了不肯归附的庐江太守李术；又打败了盘踞夏口（今湖北汉口）的黄祖，力量不断强大。

在孙权占据江东的时候，刘备在诸葛亮的帮助下开始扩大势力。诸葛亮分析了当时的局势和各种政治势力的情况，认为曹操拥兵百万，又凭借汉献帝的名义号令诸侯，眼下不能与他较量。孙权占据江东，已站稳了脚跟，只能联合而不可侵犯。积聚力量，等待时机成熟，再北进中原，统一全国。刘备很赞成诸葛亮的战略计划。曹操平定乌桓后，马上向南方用兵，企图一举统一中国。曹军的南下，也使孙权大为震惊。诸葛亮认为此时正是联孙抗曹的大好机会，他说服刘备后亲赴东吴，执行使命。曹操给孙权写信，自称有水兵八十万，要与孙权“会猎于吴”，企图以大军胁迫孙权投降。张昭等认为根本无法抵抗，只有投降才是上策；周瑜、鲁肃等坚决主张抵抗。认为曹军远道而来，已经很疲劳，况且北方兵不习水战。只要孙刘“协规同力”，就一定能击败曹军。

汉建安十三年（208）十月，曹操以舟师攻孙权。于是孙权任命周瑜、程普为左右督，鲁肃为赞军校尉，率领三万人马，与在樊口的刘备军会师，共同抗击曹军。孙刘联军到达赤壁（今湖北嘉鱼东北)，与曹军相遇。刚一交战，曹军就败退到江北的乌林，与孙刘联军隔江对峙。黄盖建议火烧曹军战船，得到周瑜的赞成。于是黄盖送信给曹操，诈称欲降，用十艘战船，装载柴草，浇上膏油，蒙上篷布，顺着东南风向江北飞驶而去。黄盖的战船接近曹军战船时，将战船柴草点燃，火借风势，很快烧着曹军的战船和岸上的军营。曹军措手不及，一片混乱。孙刘联军乘胜进攻，曹军大败，曹操无力再战，只好败退南郡，留兵守江陵、襄阳而还。赤壁之战是中国历史上以少胜多，以弱胜强的著名战例。

赤壁之战后，孙权和刘备分别向东南和西南扩张势力，曹操也在北方不断巩固政权，三国鼎立的局面基本形成。当时刘备在三国中实力较弱，孙刘联盟曾一度破裂。汉建安二十年（215），孙权派吕蒙袭取了荆州的长沙、零陵、桂阳三郡。不久，刘备和孙权又达成和议，以湘水为界，平分了荆州。江夏、长沙、桂阳归孙权；南郡、武陵、零陵归刘备。但孙权还不满足，汉建安二十四年（219），孙权见镇守荆州的关羽北上攻打樊城的曹仁，后方空虚，便派军队占领整个荆州，并擒杀了关羽及子关平。丞相曹操上表汉献帝授孙权为骠骑大将军，假节、领荆州牧，封南昌侯。孙权遣校尉梁寓奉贡于汉。于是，孙刘关系由此恶化。

到了曹操的晚年，已经占据了东汉十三州中的九州。孙权上书劝他称帝。曹操说这是想把他放在火炉上烤，未加理睬。汉延康元年（220）正月，曹操死，子曹丕袭魏王，汉丞相。十一月癸酉，曹丕称皇帝，废汉献帝为山阳公，改元黄初。以汉诸侯王为崇德侯，列侯为关中侯。魏黄初二年（221）四月，刘备称皇帝于成都，改元章武，是为汉昭烈皇帝，国号汉，后人称之为“蜀汉”，简称“蜀”。七月，汉昭烈帝刘备亲率大军进攻孙权，企图夺回失去的地盘，蜀吴联盟彻底破裂。前锋至秭归，孙权遣陆逊等拒之。孙权鉴于曹魏在北面的威胁，又与刘备结下了冤仇，恐蜀魏联合对付他，孙权分析了当时的局势和各种政治势力的情况，最为紧要的是归附曹魏。

魏黄初二年（221）秋八月，孙权遣使奉章称臣于曹魏。魏文帝曹丕敕封孙权为吴王，加九锡。曹丕帝欲封孙权长子登，孙权以儿子登年幼，上书辞封，重遣西曹掾沈珩陈谢，并献方物。不久，立孙登为王太子。魏文帝曹丕在敕封孙权为吴王时，授孙韶为扬威将军，封建德侯。王为爵名，汉代以来王为皇族、功臣最高封号。曹魏定为第一等，位公之上。笔者认为封王封侯是皇帝行施爵位的权力，孙权在争夺荆州时杀死关羽与刘备结下冤仇，又鉴于曹魏武力威胁，不得不依附于曹魏，再说孙权只不过是个吴王，根本不敢越权封孙韶为建德侯。魏文帝曹丕敕封孙韶为建德侯是不争的事实。侯在周代为爵位名，爵位分公、侯、伯、子、男凡五等，侯属第二等，在公之下，伯之上。战国时秦国设二十等爵，侯为最高爵，有关内侯，第十九等；彻侯是第二十等，皆有食邑。秦朝沿之，但无食邑。汉承秦制，关内侯有食邑；彻侯（列侯）有封国和食邑。魏、晋及南朝宋、齐位列第二等，亦在公之下，伯之上。

魏黄初三年（222），迎击刘备的吴将陆逊采取以逸待劳的作战方针，避开蜀军锋芒，进行大胆战略退却，双方在夷陵（今湖北宜都）相持七八个月之久。刘备孤军深入，粮草运输困难，被拖得“兵疲意沮，计不复生”。陆逊乘机用火攻，把蜀军四十多个营寨全部烧毁。刘备损失惨重，大败逃至白帝城。九月，曹魏大举进攻孙权，魏吴再次分裂，吴王孙权亲临江岸拒守，改元黄武。黄初四年（223）四月癸巳，汉昭烈帝刘备死于永安（四川奉节县东南），太子刘禅嗣位，改元建兴。魏黄初七年（226）正月，魏文帝曹丕驾崩，皇太子曹叡嗣位，为魏明帝，改元太和。

“（孙）韶为边将数十年，善养士卒，得其死力。常以警疆埸、远斥候为务，先知动静而为之备，故鲜有负败。青、徐、汝、沛，颇来归附。淮南滨江屯候，皆彻兵远徙，徐、泗、江淮之地，不居者各数百里。”可谓战功累累。魏太和三年（229）四月，吴王孙权称皇帝，改元黄龙，是为吴大帝，授孙韶为镇北将军，加领幽州牧、假节。九月，吴大帝迁都建业（今江苏南京市）。

论建德侯孙韶的功与德

汪建春

孙韶的伯父孙河，字伯海。孙武之后裔，吴郡富春县人。因姑父俞氏无嗣，孙河过继给姑父为子而改姓为俞。孙河少年时就追随孙坚南征北战，冲锋陷阵，孙坚把他当心腹看待。后随孙策平定吴郡、会稽郡，征讨李术，危难不避，屡立战功，得到孙策的重用，恢复姓孙，授威寇中郎将，领庐江太守，屯军京城。

孙翊，孙权弟，建安八年（203），以偏将军领丹阳太守，时年二十岁。妫览、戴员二人亡命藏匿山中，孙翊以礼相待，招至府中。授妫览为大都督，戴员为郡丞。二人恩将仇报与边鸿合谋叛乱。乘孙权出征之机，利用孙翊设宴招待宾客之时刺杀孙翊。平时孙翊出入常持刀在手，因酒量过度空手送客而出，不料边鸿从背后刺杀过来，躲避不及，刺中要害而亡。前来救护者亦被边鸿所杀，边鸿逃亡山中，后被孙翊妻徐氏用计将边鸿抓获，妫览、戴员二人惧怕边鸿供出受到牵连，暗中将边鸿杀死。孙河赴宛陵责怒妫览、戴员。妫览、戴员又将孙河杀害。孙翊妻徐氏得知孙翊、孙河被妫览、戴员、边鸿合谋所害，招集孙翊帐下徐元、孙高、傅婴、孙韶等商量对策。妫览、戴员中计被抓获处死，并将余党一网打尽，割下妫览、戴员首级祭孙翊墓前。当年孙韶才十七岁。

孙韶招集伯父孙河旧部，修缮京城，起楼橹，修兵器备以御敌。孙权得知京城内乱，立即从椒丘（今江西南昌北）起程，连夜赶至京城，知内乱已平息。试探孙韶戒备如何，便虚张声势攻城。孙韶率军迎战，众志成城。孙韶接到孙权命令后，大开城门迎接孙权入城，虚惊一场。次日，孙权招孙韶进殿，授承烈校尉，统领孙河旧部。不久，授孙韶为广陵太守、偏将军。魏文帝曹丕黄初二年（221）秋八月，孙权封吴王，加九锡，孙韶升为扬威将军，敕封建德侯。孙权称帝，建元黄武，敕封孙韶为镇北将军。将在外，君命有所不受。孙韶始终把自己的政治理想和道德准则落实到现实行为中，建功立德。镇守边关数十年，以德治军，善养士卒，爱民如子。部下誓死为他效力，老百姓夹道欢迎。“常以警疆场、远斥候为务，先知动静为之备，故鲜有负败。”

孙韶屡战屡胜，威震四方。逼迫青州、徐州、汝州，以及沛州等郡守前来归附。淮南滨江屯候，不战而退。徐州、泗州、江州、淮州等在压境的态势下也退出数百里，吴国向魏边境推进，势如破竹，领土扩大。孙韶亲临前线视察，以了解前方敌情和属下军队战斗状况，以及当地老百姓生活、生产情况。黄武二年（223），孙权建都武昌（今湖北武汉市）。从吴大帝孙权西征建都十余年，与孙韶未见过面。到黄龙元年（229），孙权迁都建业（今江苏南京市），才与孙韶朝见。孙权向孙韶问起青州、徐州诸屯要害，远近人马众寡，魏将帅姓名。孙韶对答如流，毫不含糊。孙权高兴地说：“朕很久没与你见面了，想不到你战功累累，从来没有向朕要官晋爵，你真是个道德高尚之人也。朕今天要加封你为幽州牧。”

孙韶奔波辛劳一生，于赤乌四年（241）病逝于京城家中。给后人留下丰厚文化和道德遗产。古人评价历史人物，有“立德、立功、立言”三不朽之说。三者居其一，足以名垂后世。孙韶不愧为人人敬仰的建德侯，老百姓心目中的好官。

有关建德侯孙韶的几个问题的辨析

鄢　俊　刘巧莲

作为建德的开创性人物和三国时期东吴宗室的猛将孙韶，自然备受建德乃至江南人民瞩目，同时疑伪争议也颇多。以下笔者主要从建德侯到底是谁；他的姓氏和出生地；建德侯与建德县的早晚；封侯“建德”的用意等诸方面论述己见，并与研究者、爱好者共研讨商榷。

一、谁是建德侯

《淳熙严州图经》《万历严州府志》等众多资料包括民国三十七年《重修浙江方志稿》《读史方舆纪要》《大清嘉庆一统志》都认为是孙权封孙皓为建德侯，云“取天子建德之义”，甚而有误认为孙皓是孙权之子的。对此，笔者赞同吾乡汪建春先生所见，他认为孙皓为乌程（今湖州）侯，孙韶是建德侯，并以《三国志·吴三嗣主传》《元和郡县图志·湖州》《越绝外传》等为佐证。特别是《三国志》是比较公认的史志之一，作者陈寿，是降晋的蜀人，对于吴国内部是没有什么倾向偏颇的，应该可以采信。《三国志·孙韶传》载“权为吴王，迁扬威将军，封建德侯”；《三国志·吴三嗣主传》云“孙皓字元宗，权孙，和子也，一名彭相，字皓宗，孙休立，封皓为乌程侯”，后来孙皓降晋被封为归命侯。日前笔者和本地文化界领导、专家洪淳生、过承祁、孟涛等查考孙韶的一支后人建德大山支派的家谱《严陵大山孙氏宗谱》，也证明了孙韶才是真正的建德侯。估计搞错的原因要么是编写前未参阅历史性更强的史书《三国志》，或者是局限于“天子建德”的思想。其实不仅是作为人君的天子要建设道德，就是每个老百姓也应如此，何况是为孙权屡立战功被孙权寄予厚望的宗室子弟呢？何况孙韶也确实在德性修养等诸方面需要完善提高呢！

二、姓氏和出生地

孙韶的姓和出生地也颇有争议。《建德县志》（民国版和最新版）、《梅城镇志》都认为孙韶本来姓俞，是孙策爱之赐姓孙的。汪建春、过承祁二先生都认为本来就是姓孙的，理由是《三国志》的《吴书》明确记载着裴松之的注引：河，坚族子也，出后姑俞氏，后复姓为孙。可见原来就是姓孙的。谁让他复回来姓孙的？《三国志》也有明确的记载：“孙策爱之，赐姓为孙，列之属籍。”这是因为俞河“少从坚讨，常为前驱，后领左右兵，典知内事，待以腹心之任”，本来就是姓孙的族人，加上功勋卓然，所以爱之，“赐姓为孙”就再自然不过了。其实两者都不错，但都不全，因为孙韶从小就跟着伯父（河），那么一般就应该随伯父俞河姓俞，后来因为孙策赐俞河姓孙，孙韶也就随伯父改回孙河而回复到最原本的孙姓了。

《建德姓氏·孙姓》和新旧《建德志》都认为孙韶是建德（梅城镇）人，甚至前后矛盾地出现“后代始居梅城”，令人不得其解，至今为止，尚未有比较统一的解答。汪建春先生认为孙韶本是富春（今富阳）人，这是毋庸置疑的。那么到底后代是什么时候到梅城居住下来？笔者通过对《严陵大山孙氏宗谱》的查考，得出结论是：孙姓五十三世（孙氏受姓有三种说法，但都排谱孙武为十三世，孙服为十五世）孙立鳌“由桐江驿迁居郡城，世居焉”。时为唐中期，睦州治迁到建德（今梅城），情况确实是符合的。严州 621 年立，624 年度，并入东睦州，北宋宣和年间因为方腊起义，当政者认为睦州“不睦”，有欲严整浙西之意，遂改回严州，治所同。所以“世居焉”是对的。其后人分支要到往下九代“之”字辈才开始外迁，有一支世居郡城（梅城），另一支大山支派从（之名）开始定居县（建德梅城）南马目山之麓地旌孝里之里庄，建有建德侯庙和孙氏祠堂（汉富春堂）。

三、先有“县”还是先有“侯”

今梅城“建德侯”牌坊上书“孙韶，字公礼，梅城人……魏黄初元年孙权为吴王时升迁扬威将军，封建德侯”，此牌坊所铭刻的内容是有问题的。孙韶是梅城人已经被否定；但是时至今日，先有“建德县”还是先有“建德侯”依然有争议。

汪建春先生在《建德侯孙韶考》中驳斥了“宝鼎元年”之说。之所以会有“宝鼎元年”之说，是因为错误地把孙皓当作了建德侯。他认为孙权先封孙韶为建德侯，后来才给孙韶建德县的封地的，但没有提供足够的证据。其实先封侯后给地也有据可查。《三国志·文帝纪》云：“（黄初二年）八月，孙权遣使奉章，并遣于禁等还。丁巳，使太常邢贞持节拜权为大将军，封吴王，赐九锡。”《三国志·吴王传第二》则载：“自魏文帝践祚，权使命称藩，及遣于禁等还。十一月，策命权曰：‘今封君为吴王……今又加君九锡，其敬听后命。”《三国志·孙韶传》则记：“权为吴王，迁扬威将军，封建德侯。”看来封建德侯应是魏黄初二年（221）之事。而众多资料如《淳照严州图经》《万历严州府志》《太平寰宇记》《民国建德县志》等都有记载“建德县，本汉富春县地”“分富春置建德，吴黄武四年（225）”等，可见确实是先封侯（建德侯）后封地（建德县）的。

从这里也可以看出孙权对孙韶的“建德侯”之封是名（侯）大于实（地）的，换言之，建德侯的用意（含义）之封大于实地之封。

四、封侯“建德”的用意

那么，孙权封孙韶为“建德侯”的用意究竟何在？笔者在1994年的《建德报》撰文《做一个真正的建德人》，首次提出了孙权是为勉励孙韶“建功立德”的观点，不同于《建德县志》中的“建立功德”的说法。“建立功德”普遍理解为人民做好事，当然，在做好事的同时也就积德了。后来甚至发展到为佛教或者佛教徒捐款出工；甚至于只是为死去的长辈亲人做一场“超度”以求早日重新投胎入世的法事。这些都与当时三国鼎立割据纷争的实际情况不符。因为三方都想统一天下而形成了长期的军事对垒局面，包括孙权在内的最高统治者他们首先想到的绝对不是老百姓，而是为了各自的集团利益和个人称帝独尊的野心而做出来的笼络人才收买人心培养人才之举，可以说是孙权对人才的一个全面发展的高要求吧。当然如果全国统一了战争停止了客观上对老百姓也是有好处的。我的这一观点得到了学者方家的赞同。笔者也在此对于孙权勉励孙韶“建功立德”的原因阐述已见。

为什么孙权要勉励孙韶“建功立德”，而不勉励其他人呢？笔者以为是孙权对他寄予了深厚期望，想要把他培养成为独当一面甚至辅弼君王保边安民治理国家的栋梁柱石，虽然后来让孙权最满意也让孙权最为信任倚仗的是一位外戚——孙策女婿陆逊。

首先他们同是富春孙姓的血缘近亲。孙韶是孙河的侄儿，而孙河，按《吴书》乃是孙坚族子，本应姓孙。孙韶亦为孙氏近亲了，按辈分应该是孙策、孙权的子侄辈。当时东吴人等一般也都把孙韶当作孙权的侄子看（《三国演义》八十六回434页有“盛视之，乃吴王侄孙韶也”）。孙韶本是孙武、孙膑之后移至江南富春的，与孙坚、孙权是一脉血亲，只不过是孙姓家族兴旺，所以不是嫡亲血脉，而成堂房叔伯了。

其次，孙韶、孙河侄叔俩与孙坚、孙权的亲近关系。血缘关系是无法选择的，但是并非有血缘关系就非常亲近了，有的甚至反目为仇，拔刀相向，永世不相往来，这在包括三国在内的我国封建社会，可以说是比比皆是司空见惯了。许多帝王之家甚至布衣百姓为了争夺储位或者利益不顾血缘至亲同室操戈甚至满门血案，曹丕对曹植等兄弟的相煎就是一个例证。但孙河、孙韶从孙坚起事起就是左右亲信，为之浴血拼杀功劳卓著任劳任怨忠心耿耿。“少从坚讨，常为前驱，后领左右兵，典知内事，待以腹心之任。又从策平定吴、会，从权讨李术，术破”，亲近信赖可见一斑；《严陵大山孙氏宗谱》干脆把孙韶放在孙权的儿子这一列，尽管没有历史依据但也说明了相互之间的血肉相连般的亲近信赖。

再次，孙韶是一位有勇有谋治军有方屡立战功大有可为的少年英雄。孙韶从小跟随伯父孙河，除了作为孙氏一族的心腹亲兵外，在战争中锻炼了自己，成为一名勇敢有谋治军有方的少年将军。特别是在孙河被害之时“韶年十七，收河余众，缮治京城，起楼橹，修器备以御敌”。(《三国志·孙韶传》，本页引用同此）在军中无主的混乱情况下，孙韶挺身而出，率领将士修整军备准备御敌。以至于不放心想试探京城守备的孙权也惊喜异常。“夜至京城下营，试攻惊之”，京城却是“兵皆乘城传檄备警欢声动地，颇射外人”。以至于“权使晓喻乃止”。喜的是京城未失防守完好，惊的是竟然是一个十七岁的少年族侄统领指挥。于是“明日见韶，甚器之……”当时就拜孙韶为承烈校尉，统领孙河的部众，这是孙权对年轻孙韶的充分信任肯定啊。而且还奖励他，把曲阿、丹徒二县作为孙韶的食邑，其实就是把这两个县作为了孙韶的封地，着实厚爱有加。同时孙权也给了他足够的权力，让他像伯父孙河一样可以“自置长吏”，让他可以在此充分发挥才能为国效力，殊不一般！

在其后的发展中，孙韶的具体战事军功史书上没有记载，但我们也可以推测必有战功，因为史载：“后为广陵太守、偏将军。”广陵是当时的一个都，而且是吴魏边境上争夺最激烈的战区之一，孙权安排这里的人员肯定是深思熟虑的。偏将军虽然在将军的名衔等级上不算高，但也是从校尉提起来的“将军”了，而且三国初、中期很多名将都曾经为偏将军甚至更低。曹操手下多立战功的五子良将和亲信的兄弟子侄就普遍担任。后来救襄樊败关羽的徐晃因为击败袁绍大将颜良、文丑拜偏将军；张辽甚至是位在其下的裨将军(按东汉武将级别低于偏将军高于校尉和一般的中郎将)；乐进、于禁长时间担任校尉；曹操族子曹真亦曾为偏将军；曹操为了笼络关羽、张郃之时也只拜偏将军。蜀汉“五虎将”的马超、赵云和后期军事统帅姜维都曾任偏将军。吴国本国的许多重将如黄盖、韩当、陈武、董袭、潘璋、丁奉均在屡立战功的情况下拜偏将军甚或止于偏将军。冒死救过孙权性命的凌统就止于偏将军；同样在贼寇群中孙权生命系于一发之际舍命相救的周泰仅止于裨将军。就连东吴三个时期最杰出的军事统帅周瑜、吕蒙、陆逊都曾以军功任偏将军；周瑜是在取得赤壁之战辉煌战果又击退曹仁之后也不过以偏将军领南都太守；陆逊代吕蒙为右部督驻防陆口麻痹关公之时也不过是偏将军；吕蒙在随周瑜取得赤壁大胜又击败曹仁后以偏将军领浔阳令。可见，孙韶必然在军事或者治理等诸方面还是屡有功劳的。正因如此，孙权为吴王后，才会升其为扬威将军，封他建德侯的。由此可见孙权对孙韶是相当信任非常激赏的。

因此无论从血缘还是从亲近程度或者战功以及年龄来说，孙韶都足以让孙权对他倍加信任喜爱有加寄予厚望。孙韶年纪虽轻却勇敢有谋，是一个不可多得的将才，当时孙氏宗亲里还没有一个比孙韶更优秀的得力战将。这样一个战功卓著可堪培养又是血脉至亲的少年英雄，孙权怎能不爱惜有加寄予厚望？愚以为，孙权在心底里是想要让孙韶加以历练，好好培养成为国之柱石栋梁的，最起码也要担当方面之重抵御外敌治理一方。哪一个开国创业的君主不想人才尽为己用？更何况是自己宗亲子侄辈。事实上曹操开始起兵就是靠曹仁、曹洪、夏侯惇、夏侯渊等亲属兄弟一起辅助的。后来也对族子曹真、曹休是信任宠爱有加，分任荆扬方面或雍凉方面镇守、都督诸军事，曹休官至征东大将军、大司马，曹真更是位极人臣，先后任大将军、大司马，都督中外诸军事，并受遗诏与司马懿、陈群一起辅政明帝曹叡。

然而，要想心目中的对象能够尽快成长成熟担当大任，绝不是在脑子里希望在心底里喜欢信任就可以的，绝大多数都是要在实践中锻炼砥砺出来的。正如俗话说的“膏粱纨绔多顽劣”。所以大凡封建君主帝王所器重信任的文武人才，特别是年轻的后起之秀少年英雄，又是自己的子侄亲属，都会对其提出较高的要求，因为只有这样才能使其尽快成长成熟，才能更好地为自己效力服务，或治国赞画，或抚民定边，或赞兴初基，或镇据边陲。孙韶的主要功业就是在扬州地界的淮泗边境防御曹魏的南侵，并且相当出色。“故鲜有负败。青、徐、汝、沛，颇来归附。”之所以能取得如此出色的功绩，其实与孙权对他的勉励教育（“迁扬威将军，封建德侯”）有着莫大的关系。事实上，孙权的这一奖赏暗含教育提醒甚至批评。升为“扬威将军”当然是对孙韶作战勇敢有功的肯定，而且今后还须一以贯之。但是“建德”的侯名却是富有深意的。要知道，古时封侯大多数是以封地的地名来命名的，如：寿亭侯、西乡侯、陈仓侯、江陵侯等亭、乡、县侯；或以美好的意义来嘉奖，如“刚侯”“武侯”“昭侯”“恒侯”“壮侯”等；还有就是贬损之意，如曹丕给于禁的

"厉侯"。此时孙韶已有曲阿、丹徒二县为食邑，既然不以封地为名，必然另有用意了。那么到底是什么含义呢？笔者的观点是一方面嘉勉其为东吴所建军功并鼓励再建新功；但也同时提醒孙韶除了作战勇敢之外，还要在自己的德性修养军事素养等诸方面下功夫努力再提高。孙韶为东吴建立功勋很好理解，为什么还要提醒孙韶要立德修性呢？其实我们从孙权对孙韶的期望可以明白，孙权希望孙韶能够成为文韬武略成熟持重，能够协调己方力量激发将士斗志能够独当一面，甚至可以支撑整个东吴进而帮助自己问鼎中原，使自己一统山河位居至尊的栋梁柱石之大才。从后来他对孙韶的安排也可验证这点，后来的绝大多数时间孙韶一直在魏、吴边界的淮泗（扬州），防御魏国的入侵，而且成效显著，成功地抵御住了来自这个方向魏军的侵扰。

一定有人会对这一观点持疑问或否定，孙权怎么知道孙韶有勇有谋却德养不足呢？又怎知孙韶可担任抗魏的大任？要知道这可是吴国面对魏国的小一半边界承担多大的危险啊！吾以为，这就是东吴大帝孙权的过人之处了。其实魏、蜀、吴三国比较，特别是刘备还拥有荆州和当世虎臣威震华夏的关羽之时，比较起来孙权这边是最不具优势的。曹操本身就是三国时期最伟大的政治家、军事家和诗人，而且拥有"挟天子以令诸侯"的政治优势，统一北方后拥有北方大量的土地（资源）、百姓（兵员）和人才（文官武将），力量明显强于蜀、吴两国。蜀汉刘备则拥有"汉室之胄"的金字招牌，这在封建社会还是具有相当吸引力的，政治优势明显；而且最强时拥有当时天下最大的两个州（益州、荆州，虽荆州不完整，但加上汉中之地也差不多一个完整的荆州），而且文有诸葛孔明、法孝直等，武有"五虎上将"和魏延，其势正蒸蒸日上不可阻遏。吴国除了长江天险，几乎在政治、经济、百姓（兵员）、人才上都无法和魏、蜀相抗衡。但孙权有一个最大的优点却是北方的曹操等和蜀汉的刘备、诸葛亮所不能相比的本领——识才用人。先是在曹操挟夺荆州之余威，兵力上数倍于孙刘联军，“奉辞伐罪，方与将军会猎于吴”不可一世之时，孙权果断任用周瑜为赤壁之战总指挥，指挥孙刘联军大败曹军；接着任用鲁肃，取得了孙、刘间一段时间的和平，得以能够西联刘备北抗强曹，腾出手来抚定山越开发江南积蓄力量，为后来夺取荆州和一次次击退北敌奠定了基础；再次用吕蒙为督，用骄惰之计麻痹同样不可一世骄矜傲慢的关羽，白衣渡江袭取荆州，解决了多年来压在心头受制于刘蜀这一心腹之患；当刘备尽率蜀之精锐欲重夺荆州之时，又大胆使用资历比周瑜当时还浅得多更年轻的陆逊为统帅，在猇亭大败刘备取得夷陵大捷，巩固了荆州，稳固了东吴在三国中老二的位置。这些人，固然是江东帅才，但在当时并不是大家一致看好甚至颇为小视或者不满的，如周瑜为督时东吴三世老将程普就颇不服气，陆逊为督抗击刘备时更是遭到多数将领的不满和鄙夷。但孙权就是孙权，特别是青壮年的孙仲谋，是当世无双最善识才用人的，他就能慧眼识人，大胆使用，且百无一爽有如神算。可以说，在青壮年时期，他的识才用人几乎是无误的，哪怕是并非如周瑜、陆逊这样位高权重对东吴利害攸关的岗位人选。对孙韶的任用也是样。如果说让孙韶接替伯父孙河守京城是顺势而为的话，那么后来让孙韶防守扬州地带的边境防御曹魏，则是像任用几位大都督一样是经过深思熟虑的。因为毕竟这是两国边境，而且战线也比较长。孙权大帝当年一定在心里是非常自信也非常放心的，让与自己情同父子的孙韶镇守此地。但是信任归信任，放心归放心，存在的问题是一定要解决的，孙韶也远没有达到孙权心目中的成熟。孙韶的性急口快，待人不礼，不善于团结同僚，考虑问题不周到，甚至不服从指挥等缺点，我们完全可以相信孙权有办法观察获得。因此，他必须要提醒告诫爱将兼族侄的孙韶，一定要待人礼让诚恳，不得急躁无礼，必须遵守军纪法令，要善于团结、协调上下或者平行关系等，因为战争不是靠一个人能够取得胜利的，必须团队作战，特别是要服从上级或者主帅的命令，否则容易造成将领之间关系不谐，指挥不灵，军令不能贯彻到底，或者执行不到位，那将是非常危险甚至是致命的。何况对于孙权来说，除孙韶以外的将领也都是自己的人才，都是必须要依靠要团结要调动的。他一定非常希望自己那么信任厚爱也委以重任的孙韶侄儿能够与其他将领和谐相处，甚至能够相亲相爱以德服人以礼待人，把更多的将领团结起来，调动他们的积极性，为东吴大业做出更多贡献。这正是他所需要也是所担心的。

事实证明他的担心不是多余的，他的这种封侯方式也是很有必要的。此时的孙韶毕竟还是年轻气盛，血气方刚。在魏黄初五年（224）秋八月，曹丕亲率大军从广陵再下江南。“望大江，曰‘彼有人焉，未可图也’乃还。”（《三国志·文帝纪》）干宝的《晋记》曰：“魏文帝之在广陵，吴人大骇，乃临江为疑城，自石头至于江乘，车以木桢，衣以苇席，加采饰焉，一夕而成。魏人自江西望，甚惮之，遂退军。”从以上资料看，魏军之所以撤走是因为魏军从长江上望到了东吴方面的“疑城”而误认为是真城，以为吴军已作了充分准备，所以撤军。让曹丕和魏军受骗上当的就是当时被授以安东将军，总镇都督建业、南徐兵马抵抗曹丕的统帅徐盛。《三国志·徐盛传》载：“后魏文帝大出，有渡江之志，盛建计从建业筑围，作薄落，围上设假楼，江中浮船。诸将以为无益。盛不听，固立之。文帝到广限，望围愕然，弥漫数百里，而江水盛长，便引军退。诸将乃伏。”可见，的确是徐盛想好了对付曹丕魏军的办法，也确实让魏军退去，一方面是被骗，另一方面即使来攻，也必然没有好结果，因为徐盛已做好了充分准备，胸有成竹。也许有人会问为什么不主动出击。其实简单，因为两军兵力相差太大，徐盛只有建业、南徐之兵，而且肩负守卫建业（今南京）之任不能全出，而且吴军擅长的是水战，如贸然出击恐怕吃亏。可以说徐盛是急中生智应对有方，成功化解了一次直逼家门口（时吴的首都在建业）的危机。

但按《三国演义》所述，孙韶在徐盛布置了守护江岸之计后，一而再，再而三地要求带兵过江出击魏军，终于惹恼了主帅徐盛，将他拿下欲斩首立威。幸好孙权及时赶到，向徐盛求情。徐盛实情相告，要以不遵守军法难于节制诸将而斩孙韶。于是权曰：“韶依血气之壮，误犯军法，万希宽恕。”盛曰：“法非臣所立，亦非大王所立，乃国家之典也。若以亲而免之，何以令众乎？”孙权无奈，只好搬出已死去的兄长孙策及孙韶伯父孙（俞）河来：“韶犯法，本应任将军处置，奈此子虽姓俞氏，然孤兄甚爱之，赐姓孙；于孤颇有劳绩。今若杀之，负见义矣。”俗话说“死者为大”，在这样的情况下徐盛只好顺水推舟给孙权一个面子：“且看大王之面，寄下死罪。”但是当孙权让孙韶向徐盛谢罪之时，孙韶不但不拜谢，反而厉声而言曰：“据吾之见，只是引军去破曹丕！便死也不服你的见识！”让徐盛下不了台，孙权只好叱退孙韶，谓徐盛曰：“便无此子，何损于兵？今后勿再用之。”当真对孙韶非常失望不悦而去。那孙韶还真的带了本部三千人马过江去了，徐盛不放心，让丁奉按密计也率兵过江接应孙韶去了。笔者认为，这些话基本可以相信的，因为《三国演义》是尊汉贬曹轻吴的，连东吴一代英杰周瑜都被丑化，作者罗贯中设有必要来故意为徐盛孙韶等编造事实来突出东吴人物糊弄我等。由此可见，在被封建德侯之后的孙韶依然是血气方刚按持不住的，而且对统帅上司也实在不敬，殊不知徐盛已经安排好了退敌之计（事后证明，确实如此）。尽管孙韶本人对广陵一带地理形势非常熟悉，但孤军深入毕竟风险极大，作为主帅的徐盛当然不同意冒这个风险，也免得节外生枝破坏了计划。而且我们还可以从《三国演义》知道徐盛还是懂得并善于运用天文地理气象变化的智谋之将。“乃至天晓，大雾弥漫，对面不见。须臾风起，雾散云收，望见江南，皆是连城……于是丕叹曰：‘魏虽有武士千样，无所用之，江南人物如此，未可图也。’”这江南人物便是徐盛人等啊！不仅如此，接着“忽狂风大作，白浪滔天，江水溅湿龙袍，大船将覆……”可见，徐盛确实是孙吴阵营中文韬武略不可多得的一位名将，也是孙权要倚仗重用的啊。事实上他也已经根据气象等情况，根据当时建业的军事力量作了妥当的安排，曹丕必退无疑，但是不宜对魏军展开面对面阵地攻坚战，因为双方的兵力还是相差太大。但作为下属的孙韶不明白，也不具备徐盛的整体把握的大局观和知天文懂气象的将帅之才，以及对曹丕等敌方的心理不去研究揣摩；却一味仗着自己对广陵地理的熟悉，而要渡江作战。当然小股部队也许过江埋伏不会被敌人察觉，但徐盛指挥的大部队数万人马怎么行?！况且一旦主力过江，被敌人乘虚直捣建业，那后果就不堪设想了。这些都是凭着勇敢血气的孙韶所没有想到的。而且小股部队过江去，万一被发现被包围，那又怎么办?《三国演义》中徐盛也考虑到这一层，密令丁奉按计过江去埋伏，以防孙韶不测。虽然这里面有着孙权面子的原因，但也正是一个成熟统帅胸有成竹部署周密料敌在先的军事素质的体现。这些都是作为一个成熟将领或权掌一方肩负重任的重将必须具备的，也正是孙权所希望孙韶必须拥有的。只有达到这层次修炼到这一境界，孙权才放心把一方甚至举国重任相托啊。

从当时情况看，孙权对孙韶是很不满意的。《三国演义》《三国志》里没有记载，我们推测，孙权这一回对孙韶是失望生气的，虽然他从刀下救下了孙韶，虽然孙韶也没有食言在广陵伏击曹军获得胜利。所以当时孙权对徐盛是大加奖赏，但孙韶立了功却什么奖赏也没有。孙权对两个人的态度截然不同反差巨大，这就不得不让孙韶去反思这场战役的前前后后，反思自己与他人（主要是徐盛）的表现和差距。我们甚至可以猜想孙韶怎么苦思冥想想不明白的苦恼，后来又终于意识到自己的问题所在豁然开朗幡然醒悟的情形。他一定会想明白，他必须想明白。因为他是孙权喜爱的战将，是孙权信任的宗亲族侄，是与孙权大帝亲如父子的心腹，是肩负使命主持一方军政的首脑。如果这样的重大事件和性命攸关的教训，他都还不能想进去，不能想清楚想明白，那他就不能长进，他就无法肩负更重大的责任，就无法为自己的权父兼君王孙权多效力、多分担了，也就辜负主公的喜爱和信任了。甚至我们还可以想象他认识到自己对主帅徐盛的无礼；意识到自己的脾性过于急躁冲动；明白自己军事能力还必须大大提高必须向陆逊徐盛等人学习；也意识到战争不是靠一个人的力量，是需要团队协调齐发力的；意识到一个优秀的将领不仅需要勇敢和武艺，更需要智谋；不仅需要地利上的熟悉，还需要懂得气象等条件；还要研究、掌握敌人的心理；还有防范被敌反包围钻空子偷袭；等等。比如仅凭自己的三千人马，虽然取得一时的袭击胜利，但仍有可能在追击的过程中被敌方大军反包围消灭的危险，要不是丁奉在路途中再度偷袭曹军，这种结果不是没有可能啊！还有那任敌千军万马我自岿然不动的镇定和自始至终都牢记在心的通盘考虑的大局意识。这所有的一切，都是孙韶所欠缺又是孙权希望他尽快培养提高的。甚而或许他联想到夷陵之战如果将领们都凭一时之勇不服主帅陆逊指挥贸然出战的可怕后果。所以，孙韶必须改正错误，友睦众将吏，虚心向别人学习，关心尊重他人，以换得他人对自己的尊重和支持。也许他还想到了吕蒙大都督非复“吴下阿蒙”的故事，所以决定要开始学习多读书全面提高自己了，包括德行修养和军事素养。开始遍读经典书籍，比如《左传》《礼记》《国语》《六韬》和先祖孙武孙膑的兵法十三篇……当然完全有可能待他想得差不多时，孙权这位英明伟大的君主，又适时安慰鼓励他了。并且在他确实有大长进之后，在黄武四年（225）就把自己家乡富春之地，拿出一块来给这位自己信任喜爱也倚仗有加的侄儿，这就是真正的建德了，因为孙韶已经建设全方位各方面的德性和修养了，所以就命名这块封邑为自己早就想好了的“建德”，实至名归啊！当然孙韶自己也明白，自己要建功，要继续建功，更要全方位提高自己修养特别是德性修养。甚而当时东吴许多人都知道，应该像孙韶一样建功立德，这样，于己于人于国，都是有大利而无一害的事啊！

终于，建德侯孙韶成为了孙权心目中要打造的重将爱侄，可以独当一面了，在之后几年的边境斗争中进一步成长成熟了。于是，在孙权荣登大宝之时，他没有忘记给这位侄儿更重要的担子——镇北将军，驻防扬州的淮泗等广大地区，都督扬州诸军事，更多地与曹魏直面相对了。在德性修养等诸方面大大提升后的孙韶，也没有愧对这“建德侯”的封号，十数年里，他把这一地区治理得井井有条，军民安定爱戴，敌国军民不断前来投奔，屯田自给，强敌远遁几百里不敢窥伺。这一战争双方一度争夺激烈的地方，俨然成了一方乐土，呈现了三国拉锯战争以来少有的平静。《三国志》为证：“故鲜有负败，青、徐、汝、沛颇来归附。”“淮南滨江屯候皆撤兵远徙，徐、泗、江、淮之地，不居者各数百里。”为什么能做到如此地步，《三国志》交代很清楚：“韶为边数十年，善养士卒，得其死力。常以警疆场远斥候为务，先知动静而为之备。”这也是《三国志》作者陈寿对他的评价。可见孙韶已经真正成为一名军事德性等各方面都很有建树总督一方的成熟统帅了，也就是真正“建德”了。而且，当孙权回建业询问青、徐诸屯要点，远近人马众寡，魏将帅姓名等，孙韶是“尽俱识之，所问成对”。连敌方将领的喜好、性格都了如指掌。孙权听完，喜出望外，高兴地说：“吾久不见公礼，不图进益乃尔。”（《三国志·孙韶传》）于是大加赏赐，遥领幽州牧，假节，都督扬州徐州青州幽州诸军事，直到赤乌四年殁于任上。

参考资料：

《三国志》《建德县志》《三国演义》《淳熙严州图经》《万历严州府志》《大平寰宇记》《重修浙江方志稿》《读史方舆纪要》《大清嘉庆一统志》《元和郡县图志·湖州》《越绝外传》《梅城镇志》《建德姓氏》《严陵大山孙氏宗谱》

《严陵大山孙氏宗谱》脉络以及与东吴孙氏关系考

鄢　俊

2012年5月20日，我和洪淳生先生、过承祁先生、画家孟涛一行四人，到达建德市下涯镇丰和村孙家自然村——建德侯孙韶后人聚居地之一。孙韶第六十五代传人孙明悦同志带我们参观了孙氏祠堂——汉富春堂。门坊置于院落前墙左角，木石结构，门楣上书“汉富春治”。其大门一半石料一半木材，据说是为了表明孙氏后人不肯降晋的决心，也有理解为孙韶不是孙权嫡亲血脉而为堂房的。在数棵古樟之下掩映着“文革”破坏后又重新修建的建德侯庙，内有孙坚、孙策、孙权、孙韶四塑像。最后一起仔细阅读了孙韶后人严陵（建德）大山支派的宗谱。宗谱记载了江南（富春）孙姓的共同祖先名人和江南孙氏特别是孙韶这支的发展繁衍迁徙过程，直到该谱首次做谱是在北宋元祐六年（1091），首次修谱于南宋咸淳七年（1271），重修于中华民国四年（1915）。由于中国是一个以“家天下”而繁衍发展的家族或社会，所以家族史的记录文献（宗谱）对于中国社会历史的推衍或举证具有相当有说服力和印证作用。此谱亦如是，虽然有些牵强附会张冠李戴或上下颠倒年代辈分混乱的，但仍能对江南富春孙氏和东吴三国之人物历史起到一定的学习、补充、对照作用，也期望能得到大方之家及孙氏族人的指点斧正，认证史实，清人名誉，给后人和世界一个真相。

宗谱记载了江南（富春）孙姓的共同祖先名人，其中特别著名的就是孙武、孙膑。谱载曰：十三世祖孙武，春秋人，著《兵法十三篇》，为吴王阖闾师，破楚入郢，甚相倚重。十五世祖孙膑，从学于鬼谷王栩，习兵法甚精。墨翟荐于魏，为客卿。庞涓害之，刑刖其足。厥后齐王使淳于髡以温车载归。仕齐，为军师，减灶破魏，军功成名，退隐于在闾山。从弟平、卓等踪迹之忽不见，或曰：鬼矣，先生度之矣。对孙膑还咐有武成王庙赞："孙子知兵，翻为盗，憎刖足衔冤。坐筹运能，救韩攻鬼，雪耻扬棼，功成辞赏，遁迹藏名，揆之祖何愧典型。"这些记载和历史非常接近，应该没有大问题。

对于孙武之前的受姓始祖有三种说法，现在还是争论不休。何时何祖首先到江南的，亦不统一。有一种说法是孙武之子孙明被封富春侯，食邑富春。《严陵大山孙氏宗谱》记载的是孙姓第二十世孙子明于西汉初始年间首次下江南定居的：公素性明，有才略，好观风水，遍览中川，因见东岭峰峦苍翠，秀丽可人，遂于桐（庐）富（阳）之界金村之下而卜居焉。因而孙子明被认为是江南孙姓始祖，从时间上来看是符合的。下传七世至孙钟，钟禀性纯孝，亦业寒微，夜卧牛衣，朝烹藜藿，于桐江县南垦地种瓜。以供母，兼济行人渴。适有三人卖瓜，感公不受值，示以先人葬处，三人飘忽不见，人以为仙云，因此祖父（孙钟）得牛眠穴，在今桐庐县南所称天子岗是也。笔者以为，那神仙的故事应是为给孙坚父子成就王者之业的神话故弄玄虚罢了，这里的"县"应该是富春县，因为当时只有富春县，桐江（桐庐）、建德等县是建德侯孙韶被孙权封侯之后才有的。

但孙钟勤俭持家善良助人还是比较可靠可信的。

宗谱又记："越二传（往下传二代）有讳坚，初为佐军司马，继授长沙太守，因破贼有功，封乌程侯，事详史鉴及严陵郡志。生四子曰策曰权曰翊曰匡，惟权建大业于江东，今苏州府吴县是其旧地。"由此可见，对于孙坚及其儿子的介绍是完全正确的。谱中所述苏州府吴县即三国时吴郡治所，孙权其家属有很长时间生活在这里，也是事实。宗谱再记："黄武四年晰（析）富春县地，隶吴郡，命子讳韶为富春太守。甘露初从建德水湄获大鼎，献于上，遂改元宝鼎，封建德侯，建邑；号汉富春治孙氏，郡名富春实始于此，至皓业归于晋，封归命侯。"这记载就与《三国志》颇有出入了。黄武四年，析富春地，置建德县，这是符合历史的，孙皓最终被晋所灭封归命侯也是史实无误。但甘露初获大鼎而封建德侯应该是冒名虚顶，因为《三国志》《三国演义》都确有"宝鼎"年号的记载，但都与孙韶无关，大鼎或许有，但献者绝非孙韶，因为这时是 266 年，孙韶已死 25 年。"号富春治孙氏"应该可以，孙坚孙权孙韶本来就是富春的。但"命子讳韶为富春太守，郡名富春实始于此"就问题颇多了。孙韶历来是孙权族侄，根本不是孙权的儿子，可能孙权与孙韶情同父子而造成他人的误解，但也可见孙权对孙韶的信任喜爱，《三国演义》《三国志》都明确记载，具体可见笔者所撰《建德侯孙韶几个问题的辨析》。秦汉以来直至东吴孙权黄武五年秋，富春未曾为郡；"分三郡恶地十县置东安郡，以全琮为太守，平讨山越"（见《三国志·吴主传第二》），此时应该是黄武五年（226）七至十月间。且《吴录》引注曰：郡治富春也。这就明白告诉读者，富春确实曾经作为郡（东安郡）的郡治，但太守是全琮而非孙韶，此时的孙韶正担任扬威将军在扬州边界镇守。在此族谱中，误将孙皓和孙韶当作孙权的两个儿子，又大谬特谬了。很明确孙皓是孙权的三子孙和的儿子，即孙权的孙子。孙韶往下本应有楷、越、奕、恢四子，而且都功著名显，但此谱并不记载，且都误放在孙皓的名下，估计是做谱者未查阅宗谱（北宋元祐年间作）或者故意而为之，以显耀本支派荣光。下传三代至三十三世孙楚，为晋著名文学家。又云："其第七代（孙姓三十七世）至登，好读易，抚一统（应为琴），隐居苏门，阮籍访之，与谈栖神导气之术。公皆不应，固长啸而去。至半岭籍闻声若鸾凤之音响乎山，乃公啸也。"此又误也。阮籍魏人，其父阮瑀是著名的建安七子之一，自己与嵇康等人称"竹林七贤"。《魏氏春秋》有言"籍既降，苏门亦啸，若鸾凤之音焉"。与长啸之事似相符合。但是阮籍生活在公元 210—263 年，还是吴景帝孙休时期；谱中的孙登最起码也应在 120 年之后，估计也是附庸苏门生之说，或者张冠李戴弄错了年代辈分。孙韶下传五代到统（兄）综（次）兄弟，孙统曾多任地方官，重新回到建德（时称吴宁）为令；综为东晋著名文学家。但此时尚未举族定居于此，直到唐中期开始。遗憾的是西晋名士后来曾任御史的孙康居然穿越到未来一百多年成了南朝宋的"神仙"了，那"映雪囊萤"的勤学佳话被活生生拆为两半从此时光相隔无法相聚了。孙氏五十三世孙立鳌，由桐江驿迁居郡城县治前，世居焉。这就是孙韶后人重回建德（时称睦州，治所在建德，即今梅城）的开始。传五十三世至孙皆发，生十子。时值五代末季，"都城刻日有兵戈之扰，昆季各皆四散异居，惟第五子曰之名，卜宅于县南马目山之麓地连旌孝里之里庄"，是为大山始祖。稍后就到了北宋宣和年间，睦州改为严州，当地人多称严陵或严郡；所以此谱称《严陵大山孙氏宗谱》。

孙韶：英雄出少年

姚莫诩

在《三国演义》第86回中有这样的描述，魏王曹丕亲驾龙舟，率水陆军马三十余万，起兵伐吴。曹军从蔡、颍出淮，欲经广陵渡江，攻占江南。大敌当前，吴将徐盛主动请战，吴王孙权大喜，遂封徐盛为安东将军，总镇都督建业、南徐军马。于是徐盛传令多置器械、多设旌旗，以为守护江岸之计。

此时，身为手下扬威将军的年轻的孙韶，提出欲破魏军以生擒曹丕，就应早发军马渡江，在淮南之地迎敌，若守江待曹军至，恐错过时机。而徐盛自认孙韶虽有胆勇但年幼负气，不肯采纳孙韶的建议。孙韶坚持请缨，表示自己手下有三千军马，更兼深知广陵路势，愿自去江北，与曹军决死战，如不胜，甘当军令。

孙韶再三要行，引起徐盛的不快，认为孙韶不服从命令，愤怒中竟令武士将孙韶推出斩首。生死关头，孙权赶到，救了孙韶的性命。孙权让孙韶向徐盛拜谢。孙韶硬是不拜，认为自己只是要去破曹军，便是死了也不服从徐盛的命令。及至深夜，孙韶还是自带三千精兵，悄悄过江去了。最终，在徐盛的接应下，孙韶大破曹军，夺得马匹、车仗、船只、器械无数。徐盛作为这次战役的最高指挥，也受到吴王的嘉奖。

从这段故事中，我们可以思考很多。

首先，自古英雄出少年。徐盛认为孙韶年轻自负，不服从命令，对孙韶有成见。其实正是因为孙韶年轻，单纯，自信，所以才能将生死置之度外，一腔热血，敢作敢为，无所畏惧。他不仅敢于直言，甚至在侥幸被孙权救下之后，也依然我行我素，嘴上不认错，行动上照旧。如果孙韶年长世故，贪生怕死，势必瞻前顾后，察言观色，委曲求全，只为保命保官要紧。其实，孙韶除了年轻不怕死，还在于他已经率部经历过多次战斗，积累了宝贵的实战经验。特别是他之前在广陵任太守，对广陵的地理地形相当了解，还曾带领军民在广陵修建过防御设施，熟悉情况，心里有底，所以他才能坚持己见，言之切切，自信满满。说到底，孙韶不是盲目自信，而是有着扎实的经验和经历的根基。这样的后生可畏，不可小觑。

其次，少年英雄靠伯乐。千里马常有，而伯乐不常有。在中国古代专制社会中，官场等级制极其森严壁垒。英雄要脱颖而出，干成大事，不仅自己要坚忍不拔，勇于闯关，还要有贵人相助，伯乐赏识，占据天时地利人和。孙韶屡屡向上级提出好的建议，却引起上级徐盛的不满。在徐盛看来，自己作为此次战役的最高统帅，具有绝对的权力和绝对的智慧，下级只有服从的份儿，怎能有个人的意志甚至超越上级的见解？孙韶的做法公然是对自己权威的挑战。所以徐盛完全不仔细考虑孙韶的意见是否有利，仅仅是孙韶提意见本身就令徐盛很反感了，徐盛为了维护自己的面子和绝对权威，竟要将孙韶以不服从军令而处以极刑。由此可见专权等级制度和文化心理是何等残酷腐朽。

在少年英雄命悬一线的关键时刻，生死转换还是要靠更大的官员，这就是吴国的国王孙权。如果没有吴王的介入，孙韶早已成徐盛刀下之鬼。徐盛只是看在吴王的面上，虽不情愿，但也无奈，只好免孙韶一死。而且，徐盛虽反感孙韶的一意孤行，但在孙韶悄悄带兵渡江以后，还是担心孙韶若有闪失，跟吴王不好交代，于是唤来手下将领丁奉，面授密计，暗中引三千兵渡江接应，最终保证了孙韶出击魏军的万无一失。所以孙韶能够有所作为，除了他的勇敢和才智，还与赏识他的伯乐有关。孙韶的命运有幸与吴王世家连在一起。从孙坚到孙策孙权，他们都能慧眼识英雄，对孙韶喜爱有加，不拘一格，赏识提携。在这样的背景下，孙韶的骁勇、才能和自信，得以完全充分地发挥和释放。由俞韶到孙韶的“易姓”，更是孙韶跻身吴国第一家族、得到最高权力阵营首肯的重要标志。孙韶也没有辜负这一切，他以建立功德的实绩为他的姓氏他的伯乐增光添彩。

孙韶献鼎封侯说质疑

张兰花①

内容提要：

在精读《三国志》的基础上，对目前方志中出现的“孙韶献鼎封侯说”一条说法有异议。文章就此为切入点，在进一步梳理了《吴书》《建康实录》等文献中有关孙吴祥瑞史料的类型特征基础上，又对魏、蜀、吴三国文化进行比照的背景下，剖析了孙吴凸显于魏蜀之上的崇瑞之风的文化成因，以期为以后论文从地域文化视角解读三国迥异的文化特质奠定基础。

关键词： 三国孙吴　孙韶　祥瑞风尚　文化动因

一、“孙皓献鼎封侯”说考疑

孙皓和孙韶为三国时期孙吴地区两个不同的历史人物。

三国孙吴时期，吴后主孙皓因建德县进奉大鼎而改元宝鼎的记

① 【作者简介】张兰花，女，许昌职业技术学院信息工程系党总支书记、中原文化产业研究中心主任，教授，文学博士，主要从事三国文化研究。电子邮箱：kmdr@163. com

载最早见于《太平寰宇记》卷九十五："建德县，吴黄武四年分富春县之地置，属吴郡，以封孙皓为侯。甘露元年，孙皓于水滨得大鼎进之，吴后主因改宝鼎元年，封孙皓为建德侯。"① 吴后主因获宝鼎而改元赐侯、借瑞彰德的政治行为，透露出孙吴政权对祥瑞文化的崇尚态度。

然而，万历《严州府志》② 和民国八年《浙江省建德县志》则将献鼎之事记为孙韶所为，云："孙韶，字公礼，原县之俞姓子，孙策爱之，赐姓孙，列之属籍……甘露初于建德水滨得大鼎进之，改元宝鼎，封韶为建德侯。"③ 这条记载的主要分歧是献宝鼎获侯位者不同。据《三国志·吴书·三嗣主传》记载，吴后主即孙皓（242—283），黄武四年置建德县（225）时尚未出生，也未见有建德侯之任，故《太平寰宇记》中将献鼎人记为孙皓，显然错误。而见诸《吴书》的建德侯是孙韶，据《三国志·吴书·孙韶传》云："（孙）权为吴王，迁扬威将军，封建德侯。"孙权在黄初二年（221）被曹丕封为吴王，黄武八年（229）称帝，据此，孙韶可能在置建德县（225）时被封为建德侯，但他"赤乌四年（241）卒"，又不可能在甘露元年（265）再献大鼎，故县志所载亦有误。

从目前留存的文献材料来看，孙吴时期宝鼎祥瑞记有三次：

一是与《太平寰宇记》所言甘露元年相近的甘露二年，"秋八

---

① 〔宋〕乐史撰．王文楚等点校《太平寰宇记》，北京市：中华书局 2007 年 11 月版，第 1911 页。原校：按孙韶赤乌四年前卒，而云韶以进鼎封建德侯，未详舛谬之故。第 1911 页和第 1917 页。

② 〔明〕杨守仁修，徐楚纂：《〔万历〕严州府志》，日本藏中国罕见地方志丛刊书目，文献出版社 1990 年版。

③ 夏日璈等修；王韧等纂：《中国方志丛书华中地方第六九号·浙江省建德县志·卷十四》，成文出版社民国八年影印，第 327 页。

月，因得大鼎，改元为宝鼎元年，大赦。”① 《宋书》卷二十九有“吴孙皓宝鼎元年（265）八月，在所言得大鼎”。虽两条文献载获鼎时间稍有差异，献鼎人也不甚分明，但均强调了因获宝鼎而改年号的事件。

二是《建康实录》载“赤乌十二年（249 年）六月戊戌，宝鼎出临平湖”[P57]。《宋书》卷二十九也有：“吴孙权赤乌十二年六月戊戌，宝鼎出临平湖，又出东部酃县。”《读史方舆纪要·浙江·杭州府仁和县》载“临平湖，在府东北临平山东南五里”。酃县“东汉属长沙郡，三国吴至东晋为湘东郡治，以县东酃湖得名。治今湖南衡阳市东湘江东”。② 看来，在孙权赤乌十二年六月应有两处见鼎瑞。

三是《吴书》引《吴历》记永安三年：“是岁（260）得大鼎于建德县。”③ 《文献通考》卷三百有“孙休永安三年得大鼎于建德县”。《建康实录》亦载：“（永安三年）是年，得大鼎于建德县，告太庙，作宝鼎歌。”[P82] 《册府元龟》《文献通考》等，也有类似记载，明确了宝鼎确实见于建德县，但未言献鼎者何人。据此可知，《浙江省建德县志》概因孙韶曾为建德侯，又“韶”与“皓”字相近，便误将献鼎者记于孙韶名下。今人朱睦卿先生将此事转述为：“据地方志记载，孙韶的后代曾在新安江捞到一只大鼎，献给吴末帝

① 〔唐〕许嵩撰；张忱石点校：《建康实录》，北京市：中华书局 1986 年 10 月版。第 93 页。

② 中国历史大辞典·历史地理卷编纂委员会编：《中国历史大辞典·历史地理卷》，上海市：上海辞书出版社 1996 年版，第 1038 页。

③ 〔晋〕陈寿撰．〔南朝宋〕裴松之注：《三国志·吴书》，上海市：上海古籍出版社 2002 年 6 月版。第 1068 页。

孙皓，孙皓非常高兴，就改元为‘宝鼎’。”① 朱先生将献鼎人改为“孙韶后代”的变通后在时间上似较合理，惜未注明所依出处、献鼎者具体名号等。

尽管各家文献在献鼎人或时间上的记载多有差异，至今已很难考订其实，但见鼎之瑞却志书相因，代代传承。由此足见孙吴及其后人对“宝鼎”祥瑞的文化意蕴是极为重视的。

所谓“宝鼎”，原本是古代的烹饪器物，自禹铸九鼎传说之后，鼎便由寻常炊器而为最神秘的礼器。商周时还把定都或新建王朝称为“定鼎”，使鼎不仅仅是铭功的礼器，还肩负着王权和国家的象征意义，是传国重器。因此，人们自然就有崇鼎意识。

三国曹魏时，曹丕曾给钟繇书信道：“昔者黄帝三鼎，周之九宝，咸以一体使调一味，岂若斯釜五味时芳？盖鼎之烹饪，以飨上帝，以养圣贤，昭德祈福，莫斯之美。故非大人，莫之能造；故非斯器，莫宜盛德。”② 他将鼎高视为“养圣贤”“昭德祈福”的礼器，非它莫能以彰显其“盛德”。曹植更有《黄帝三鼎》专题诗，对鼎的象征意义有更清晰的诠释：

鼎质文精，古之神器。黄帝是铸，以像太一。

能轻能重，知凶识吉。世衰则隐，世和则出。③

曹植不仅视鼎为立国神器，且认为宝鼎兼有知凶识吉，预兆王权盛衰的神异功能。孔融对此也有类似看法：“邑人高幼自言，辟得井中鼎。夫鼎久潜于井，德之休明，虽小重也。黄耳金铉，利贞之

---

① 中国人民政治协商会议建德县委员会文史资料委员会：《建德文史资料　第7辑　悠悠故乡情——建德》1990年12版，第83页。

② 〔三国〕曹丕：《铸五熟釜成与钟繇书》，《魏志·锺繇传》注引《魏略》。

③ 〔三国〕曹植：《黄帝三鼎》，载《艺文类聚》十一。

象，国遭凶荒，彝器出，或者明以飨人。”① 这些文字强调了鼎昭示国家兴衰的喻义，应有一定的代表性和时代特征。正因为鼎的隐现与国家兴亡联系紧密，宝鼎见预兆国家诸事吉祥，因而，鼎器便成为符瑞神器而备受崇拜。

汉代王充《论衡·指瑞》云：“王者受富贵之命，故其动出见吉祥异物，见则谓之瑞。”② 当时，被人视为祥瑞之物者品类繁多，比如自然美景、奇花异草、珍禽异兽、图案字迹等神异灵物或超常现象，多称为符瑞、祥瑞等。曹魏荀悦曾总结了汉代常见的嘉祥符瑞：

凡祥瑞：黄龙见，凤皇集，麒麟臻，神马出，神鸟翔，神雀集，白虎仁兽获，宝鼎升，宝磬神光见，山称万岁。甘露降，芝草生，嘉禾茂，玄稷降，醴泉涌，木连理。③

从荀悦所开列的祥瑞事例获知，常见符瑞主要有：动物祥瑞如龙、凤、麒麟，植物祥瑞如芝草、嘉禾，自然祥瑞如甘露、山称万岁等。唐代《唐六典》中所列祥瑞的大瑞、上瑞、中瑞、下瑞等种类，大体与荀悦所述相似。

事实上，崇尚祥瑞之风是我国古代文化的特殊现象，作为寄托美好愿望的祥瑞吉祥物或图案，在出土的春秋战国时期文献中就多有反映。到了汉代，董仲舒的天人感应理论又为祥瑞之风提供了理论依据，祥瑞已被人们普遍视为上天对王朝君主和大臣品行善恶评判的显征，具有预兆和象征。也正是由于祥瑞具有广泛的舆论影

---

① 〔三国〕孔融：《告昌安县教》，引自《初学记》七。

② 〔东汉〕王充著；陈蒲清点校：《论衡》，长沙市：岳麓书社 1991 年 8 月版，第 270 页。

③ 〔东汉〕荀悦撰；张烈点校：《两汉纪上·汉纪》，北京市：中华书局 2002 年版。

响和在政治领域上的预兆象征意义，祥瑞现象历来受到当权者的极度重视，是统治者探寻王权巩固和发展的参照指标或营造盛世表象的重要手段。

二、孙吴祥瑞史料述略

统计《三国志》可知，魏、蜀、吴三国均有祥瑞记载。其中蜀汉仅有2条，曹魏19条，孙吴36条。在祥瑞分类上，蜀汉“天象祥瑞”和“植物祥瑞”各1次，曹魏的“天象祥瑞”所占比重较大，孙吴的“天象祥瑞”极少，但其他如珍异的动物、奇特的花草、罕见的自然现象等则较多。孙吴繁多的祥瑞记载不仅见于史书，且在群臣奏议或文章，以及至今留存的石刻史料中也较多见，是魏蜀吴三国鼎立时期的一道独特的地域文化景观。将这些记录归纳梳理，可窥见孙吴地区浓厚的崇瑞风尚之特色。

（一）史载孙吴祥瑞种种

仅以《吴志》《建康实录》两书为统计蓝本，除神器宝鼎之外，孙吴祥瑞出现最多的是龙，其次为甘露和嘉禾等。

在中国传统文化中，皇帝常被喻为“真龙天子”。正如阮籍在《通易论》中所言：“龙者何也？阳健之类，盛德尊贵之喻也。配天之厚，盛德莫高之谓尊贵。”最高的尊贵即帝王的符瑞。孙休未登皇位时在会稽居住就曾“梦乘龙上天，顾不见尾，觉而异之”。[P1065]孙权称帝之前的“黄武八年夏四月，黄龙、凤凰见，武昌、夏口并言之”。[P37]“（赤乌五年）三月，海监言黄龙见。”[P50]“（赤乌十一年）云阳言黄龙见”[P55]等，孙休“（永安）三年九月，布山言白龙现……五年秋七月，始新言黄龙见。……六年夏四月，泉陵言黄龙见。又引《吴历》曰：青龙见于长沙。”[P1068-1071]龙祥瑞的多次记载，宣扬了原本草根起家的孙吴帝王有着龙种君象。

龙见祥瑞寓意何在？曹魏太史令许芝诠释云：“《易传》曰：

‘圣人受命而王，黄龙以戊己日见。’七月四日戊寅，黄龙见，此帝王受命之符瑞最著明者也。……《易传》又曰：‘黄龙见，天灾将至，天子绌，圣人出。’”① 他引用《易传》述说龙是帝王受命符瑞最显著的表象，也是改朝换代、新王出现的征兆。正因这一认识具有普遍意义，故而蜀汉许靖闻听曹丕代汉称魏后，迅疾向刘备上报黄龙祥瑞，劝其称帝：“《孝经·援神契》曰：‘德至渊泉则黄龙见。’龙者，君之象也。《易》乾九五‘飞龙在天’，大王当龙升，登帝位也。”② 由此显见，龙崇拜的实质就是皇权神授观念的皇帝崇拜。

除龙祥瑞之外，孙吴地区尚有甘露、嘉禾等祥瑞记载。略举几例如下：

（黄武二年）五月，甘露降曲阿。4[P23]

（黄武五年）三月，武昌甘露降于礼宾殿。4[P42]

（赤乌九年）甘露降武昌宫。4[P53]

（赤乌七年）秋，嘉禾生宛陵。4[P51]

（永安二年）二月，西陵言赤乌见。4[P81]

（永安）六年春，慈湖言白鹭见，豫章言赤雀见。4[P82]

这些祥瑞可谓每朝皆有，层出不穷。针对出现的这些特异现象，大臣们多有关注。中书丞华覈曾上疏论道：“夫修德于身而感异类，言发于口通神明……退伏思惟，荣惑桑谷之异，天示二主。”6[P1358] 强调了祥瑞与“帝德”和“皇权”间的预兆性关联。

---

① 〔晋〕陈寿撰〔南朝宋〕裴松之注：《三国志·魏书·文帝纪第二》，上海市：上海古籍出版社2002年6月版，第52页。

② 〔晋〕陈寿撰〔南朝宋〕裴松之注：《三国志·蜀书·二先主传第二》，上海市：上海古籍出版社2002年6月版，第822页。

（二）孙吴帝王对祥瑞的奖挹模式

罕见的自然现象既然是吉祥之征，又能讨得孙吴政权的嘉奖，故而，祥瑞预兆自然得到人们广泛的关注。梳理孙吴政权对祥瑞的奖挹模式，大体有三种：一是奖励献瑞者，赐祥瑞名爵；二是以祥瑞名为郡县名，大瑞则改年；三是极力宣扬祥瑞喻义，甚至亲自践验符瑞预兆。

除前文所列建德县进献宝鼎，得到吴王封侯赏赐之外，孙吴政权还对献瑞者授予祥瑞名官爵，以张扬其献瑞之功，如黄耇和吴平两家有灵芝草之类的“鬼目菜”和“买菜”之瑞，孙皓便“以耇为侍芝郎，平为平虑郎，皆银印青绶”。6[P1081-1082]发现有石印祥瑞，便信巫言，封印石神，“以印绶拜三郎为王”。6[P1080]并常以祥瑞之物赐命郡县名，如“（三年夏五月）由拳生野稻，诏改由拳为禾兴县”。4[P39]不仅以官名和郡县名纪念祥瑞，而且大树标志，加以强化宣扬。

最为典型的是黄武八年孙权对黄龙祥瑞的张扬，他专门“建黄龙大牙，常在中军，令诸将进退向之”。4[p37]据考“黄龙大牙”即绣有黄龙图案的将军帅旗，可作军旌，可作仪仗。孙权善作战，以黄龙大牙为帅旗，既显示军队威风，又昭示帝王符瑞等。上有所好，下必效焉。文人们见机配合撰写上奏贺瑞表，以释黄龙吉意。为此，侍中胡综特赋《黄龙大牙赋》以壮军威：

明明大吴，实天生德。神武是经，惟皇之极。

……

乃律天时，制为神军……四灵既布，黄龙处中。

周制日月，实曰太常。桀然特立，六军所望。4[P37]

赋辞反复颂扬了应天嘉祥，“天赞人和，佥曰惟休”的太平盛景。

为了永久纪念祥瑞之征，孙吴帝王还依祥瑞更改年号，孙权称帝后的第一个年号就以“黄龙”符瑞来命名，以期与瑞兆相协。除此之外，还有三个也缘于祥瑞。如“(黄龙) 三年冬十月，会稽南始平言嘉禾生。十二月丁卯，大赦，改明年元也”。6[p1047] “(嘉禾六年)冬十二月，赤乌群集前殿。大赦。改明年为赤乌元年。”4[p44] “(赤乌十四年) 十二月，有神人授书，告改年、立后。帝大赦，改明年为太元元年”4[P60]等。

有趣的是，孙权在继“黄龙”“嘉禾”之后的第三次改年号时，君臣间还有段相商的对话呢：

(赤乌元年) 八月，武昌言麒麟见，有司奏言：“麒麟者，太平之应，宜改年号。”诏曰：间者赤乌集于殿前，朕所亲见，若神灵以为嘉祥者，改年宜以赤乌为元。群臣奏曰：昔武王伐纣，有赤乌之祥。群臣观之，遂有天下。圣人书策载述最详者，以为近事既嘉，亲见又明也，于是改年。6[P1052]

麒麟毕竟是虚无的灵物，赤乌虽较罕见，却有可能存在，最终孙权选择了赤乌。显然赤乌因其可见性而比麒麟更适宜，更有可信度和服众力。

孙吴时代共历4个皇帝，总计18个年号中有11个皆因祥瑞而定名。末位皇帝孙皓的8个年号中有6个是依祥瑞改名的。特别频繁的是公元272—277年，5年内便依各地上报的祥瑞更换了4个祥瑞年号（凤凰、天册、天玺、天纪）。这些祥瑞有灵物，如“（建衡三年春正月）西苑言凤凰集，改明年元”，6[P1077]也有自然景观，如“天册元年，吴郡言掘地得银，长一尺，广三分，刻上有年月字，于是大赦，改年”。6[P1080] “天玺元年，吴郡言临平湖自汉末草秽壅塞，今更开通。长老相传，此湖塞，天下乱，此湖开，天下平。又于湖边得石函，中有小石，青白色，长四寸，广二寸余，刻上作皇帝字，于是改年，大赦。”6[P1080]虽然掘地得银及湖边有石印的祥瑞明显系人为附会，但仍得到孙皓的极力赞许。

事实上，皇帝们并非完全相信所谓的天降祥瑞，孙权就曾在《黄龙见白虎仁诏》中有所劝止：

古者圣王，积行累义，修身行道，以有天下，故符瑞应之，所以表德也。朕以不明，何以臻兹？《书》云：“虽休勿休。”公卿百司，其勉修所职，以匡不逮。4[P55]

从诏令可见，孙权已很清醒地意识到大臣因过分热衷于呈报祥瑞而忽视了自己的首要职责，故而下诏强化人事因素，强调大臣们要勤于职守，扶正偏差，虽有上天嘉美，亦不可喜狂失度等。

尽管孙权时就有诏令劝止过分崇信祥瑞，但崇尚祥瑞之风在孙吴并没有遏止。孙权之后的几位皇帝仍高度重视祥瑞，他们除了奖赏献瑞，以瑞命名郡县、年号之外，还大行祭礼、封禅、刻制石碑等。如“吴兴阳羡山有空石，长十余丈，名曰石室，在所表为大瑞。乃遣兼司徒董朝、兼太常周处至阳羡县，封禅国山”。6[P1080]这次因山中有石室，便封其为“国山”的石碑现尚存世，碑文在歌颂了孙吴立国功勋的同时，开列了孙吴建国以来可载“瑞命之篇”的众多祥瑞：

上天感应，□□□□□践阼初升，特发神梦，膺受箓图。玉玺启自神匮，神人指授金册青玉符者四，日月抱戴老人星见者一十有一，五帝瑞气黄旗，紫盖覆拥宫阙显著斗牛者一十有九，麟凤龟龙衔图负书卅有九，青猊白虎丹鸾彩□凤廿有二，白鹿白羚、白麑白兔卅有二，白雉白乌白鹊白鸠一十有九，赤乌赤雀廿有四，白雀白燕廿有泰，神鱼吐书白鲤腾舡者二，灵絮神蚕弥被原野者三，嘉禾秀颖甘露凝液六十有五，殊干连理六百八十有三，明月火珠璧流离卅有六，大贝余蚳余泉泰十有五，大宝神璧水青瑴璧卅有八，玉燕玉羊玉鸠者三，宝鼎神钟神｛雝王｝柷神鬶卅有六，石室山石閻石印封启九州吉发显天谶彰石镜光者一十有一，神□颂歌庙灵□示者三，畿民惟纪湖泽闿通应谶合谣者五，神翁神僮灵母神女告徵表祥者卅有桼，灵梦启谶神人授书著验□□者十，秘记谶文玉版纪德者三，玉人玉印文采明发者八，玉□王琯玉王贯玉玦玉钩玉称殊辉异色者卅有三，玉尊玉碗玉盘玉罂清洁，光<日良>者九，孔子河伯子肯，王□，言天平坠，成天子出东门鄂者四，大贤司马徽虞翻推步图纬甄匮启缄发事与运会者二；其余飞行之类，植生之伦，希古所觏，命世殊奇，不在瑞命之篇者，不可称而数也。①

据碑文统计，入“瑞命之篇”者有29种共1230次，那些不在瑞命之篇者更是“不可称而数也”。祥瑞繁多如此，让人难以想象。特意树此碑的目的也交代得十分清楚：“夫大德宜报，大命宜彰，乃以柔兆涒滩之岁，钦若上天月正革元，郊天祭地，纪号天玺，用彰明命。……遂于吴兴国山之阴，告祭刊石，以对扬乾命，广报坤德，副慰天下喁喁之望焉。”

如果说孙权大肆宣扬黄龙符瑞是为其称帝树威刻意寻找的障眼借口的话，那么，后世吴帝，特别是末代皇帝孙皓则完全处于对祥瑞痴迷的境地。《吴书》就曾记载了孙皓一件看似荒唐，实则可信的迷瑞之事：

三年春正月晦，皓举大众出华里，皓母及妃妾皆行，东观令华覈等固争，乃还。(《江表传》曰：初丹杨刁玄使蜀，得司马徽与刘廙论运命历数事。玄诈增其文以诳国人曰：“黄旗紫盖见于东南，终有天下者，荆、扬之君乎！”又得中国降人，言寿春下有童谣曰“吴

① 〔清〕严可均辑：《全上古三代秦汉三国六朝文》，中华书局1958年版，第1457-1458页。

天子当上”。皓闻之，喜曰：“此天命也。”即载其母妻子及后宫数千人，从牛渚陆道西上，云青盖入洛阳，以顺天命。行遇大雪，道涂陷坏，兵士被甲持仗，百人共引一车，寒冻殆死。兵人不堪，皆曰：“若遇敌便当倒戈耳。”皓闻之，乃还。)6[P1077]

凡此种种，孙吴帝王如此重视祥瑞，这在三国鼎立、文化重构的历史大背景下，必定有其深层的文化内涵。剖析导致这一文化现象的内在动因，对清晰认识三国鼎立时期，魏、蜀、吴三区的文化特质，大有裨益。

率真的孙韶

——读《三国演义》中孙韶故事有感

张振萍

“吴、蜀连和，必有图中原之意也。不若朕先伐之。”曹丕对侍中辛毗提出“今日之计，莫若养兵屯田十年，足食足兵，然后用之”的建议，非常生气。他认为：“此迂儒之论也！今吴、蜀连和，早晚必来侵境，何暇等待十年！”立即传旨起兵讨伐吴国。曹丕采纳了司马懿的提议，亲自乘驾龙舟，率战船三千余只，提水陆大军三十余万，从蔡、颍出淮，取广陵渡江，直下江南。

据粗略的统计，有资料说《三国演义》共描写了人物 1119 人，其中武将有 436 人，文官 451 人；毛宗岗整理过的《三国演义》中有姓氏的人物，共有 980 多人。可以说《三国演义》是描写人物最多的一部小说。书中人物虽然众多，但在作者的艺术加工和处置下，这些人、这些事，却使主题显得更为突出，情节层次更为分明。形形色色的人物，构建了一部活生生的历史战争故事宏图。

在《三国演义》众多的武将中，描述孙韶的篇幅不多，但却给我留下了颇深的印象。这个人物的最大特点就是率真！我喜欢他的率真。率真，可以有多种含义，我以为以褒义为多，如：直率、真诚；坦白、诚实；天真、纯真；单纯、真实；说话直接，不擅忌讳；等等。其中“真诚”还可以引申出赤诚，坦诚。对国家的那份赤诚，对别人态度的那份坦诚，以及对自己内心的那份执着，都是值得赞扬和歌领的。

《三国志·吴书六·宗室传第六》记载：“孙韶字公礼。伯父河，字伯海，本姓俞氏，亦吴人也。孙策爱之，赐姓为孙，列之属籍。”孙河被杀后，“韶年十七，收河余众，缮治京城，起楼橹，修器备以御敌。权闻乱，从椒丘还，过定丹杨，引军归吴。夜至京城下营，试攻惊之，兵皆乘城传檄备警，欢声动地，颇射外人，权使晓喻乃止。明日见韶，甚器之，即拜承烈校尉，统河部曲，食曲阿、丹徒二县，自置长吏，一如河旧。”

孙韶 17 岁时（公元 204 年，建安九年）其伯父孙河（威冠中郎将，庐江太守）被妫览、戴员杀害。孙韶继承了孙河的军队，聚集孙河在京的旧部，构筑工事，修缮城池，造战舰，修兵械以备敌。后来成为将军，镇守吴国都城。孙权从椒丘城（今江西新建县北）率军归京，途经丹阳，就命令士兵作势进攻，孙韶警戒森严，士卒在城上严阵以待，一声号令，兵士呼天喊地，箭发如雨，直至孙权派人告知实情，孙韶才停止了发射。第二天孙权召见了孙韶，十分器重他，封他为承烈校尉，可以使用曲阿、丹徒二县的税收，并且可以在该地自己任命官员。后来成为广陵太守、偏将军。

当年孙权为什么“明日见韶”就“甚器之”？这里没有细说。对于孙韶的故事，《三国演义》第八十六回“难张温秦宓逞天辩，破曹丕徐盛用火攻”中有这样的描写：

建兴元年（313），诸葛亮派邓芝面见孙权，在邓芝的努力下，吴、蜀再次通好。魏主曹丕得知这一消息大怒。孙权封徐盛为安东将军，把守江南一带。徐盛领命时曾在孙权面前表态：“臣虽不才，愿统一军以当魏兵。若曹丕亲渡大江，臣必生擒以献殿下；若不渡江，亦杀魏兵大半，令魏兵不敢正视东吴。”当徐盛传令让众官军多置器械，多设旌旗，以为守护江岸之计时，却有一人忽然挺身而出，对徐盛说：“今日大王以重任委托将军，欲破魏兵以擒曹丕，将军何不早发军马渡江，于淮南之地迎敌？直待曹丕兵至，恐无及矣。”这个人是谁？正是吴王之侄孙韶。“大王委托将军你以重任，想要打败魏国军队，活捉曹丕，你为什么不早发军马渡过江去，在淮南那个地方迎战敌人？你只在这里做守护江岸的准备，等曹丕的军队打到这里，恐怕是来不及了。”这话掷地有声，硬硬地就知出自一朗朗硬汉，直接、生硬，毫不委婉，真正是“极有胆勇”。徐盛说：“曹丕势大；更有名将为先锋，不可渡江迎敌。待彼船皆集于北岸，吾自有计破之。”孙韶力争道：“吾手下自有三千军马，更兼深知广陵路势，吾愿自去江北，与曹丕决一死战。如不胜，甘当军令。”“盛不从。韶坚执要去，盛只是不肯，韶再三要行。”这“坚执要去”“只是不肯”，又“韶再三要行”，不难想象，孙韶和徐盛的样子，那一场面的激烈和互不相让，使人禁不住联想到两人争执的面红耳赤，好不尴尬。“盛怒曰：‘汝如此不听号令，吾安能制诸将乎？’叱武士推出斩之。”争执白热化到生命攸关。一个有战斗力的军队必须“一切行动听指挥”，这是胜利的保证。徐盛何以能容忍自己的部下如此不晓事理、犯上作乱，对于孙韶的固执，“再三要行”的言行，徐盛可以说是“恼羞成怒”，不得而为之，“叱武士推出斩之”则在情理之中。这“坚执要去”“再三要行”，没有过多的渲染，没有详细的描绘，却让人对孙韶的那份置生死于度外的特别执着和勇气而感到非常钦佩。

孙权急马来救，辕门之外，皂旗之下，“恰待行刑，孙权早到，喝散刀斧手”，救了孙韶。韶哭奏曰：“臣往年在广陵，深知地利；

不就那里与曹丕厮杀，直待他下了长江，东吴指日休矣！”刀斧手下被救了下来，孙韶“哭”了，堂堂一七尺男儿，直是泪水涟涟，古人可是崇尚“男儿有泪不轻弹”的。面对孙权的到来是不是有满肚子的委屈化作了这不能抑制的泪水？他应该向孙权告徐盛状，“打狗也要看主人”啊。不，孙韶的“哭”不是孩童的撒娇和小人的报复，他哭述的是应该抓住时机杀敌，他在为自己的国家担忧。这一哭，把孙韶的率真、忠诚表现得淋漓尽致：他怕强大的魏军，一旦下了长江，那么东吴就是“指日休矣”！那份对国家的忠诚，那份对国土的坚守，那份对国家安危的担忧跃然纸上，让人为之又爱又怜。

当孙权和孙韶入得军营，孙权向徐盛求情，徐盛答应：“且看大王之面，寄下死罪。”孙权让孙韶拜谢徐盛，然而“韶不肯拜”，刚刚从刀斧手下捡得命来，孙韶居然还是如此倔强，坚持自己的立场，决不违心谄媚，全然不给孙权面子。且“厉声而言曰：‘据吾之见，只是引军去破曹丕！便死也不服你的见识！’徐盛变色”。孙韶、徐盛矛盾再起。这“不肯拜”把孙韶的那份坚持和不认输的率真更是流露无遗，那份凛然让人为之又气又怜。

面对孙韶的固执，孙权实感无奈，甚至也按捺不住心中的怒火，“谓徐盛曰：‘便无此子，何损于兵？今后勿再用之。’言讫自回。”事情的发展让孙韶的率真表现达到高潮——当天夜里，他带着自己的三千精兵，潜地过江去了。好个孙韶！居然私自带兵去到“深知地利”的他认为理想的作战之地。徐盛得知这一情况，立即部署丁奉带三千兵士渡江接应，战斗取得了胜利。“龙舟将次入淮，忽然鼓角齐鸣，喊声大震，刺斜里一彪军杀到：为首大将，乃孙韶也。魏兵不能抵当，折其大半，淹死者无数。……背后孙韶、丁奉夺得马匹、车仗、船只、器械不计其数。魏兵大败而回。吴将徐盛全获大功，吴王重加赏赐。”孙韶这一鲁莽的行动把一个坦率、执着、固执、真实、极富个性的孙韶完完全全地凸显了出来，且无可否认地展示了他的军事才能。这一莽汉真让人为之又忧又赞。

《三国志》对孙韶的记载是："后为广陵太守、偏将军。权为吴王，迁扬威将军，封建德侯。权称尊号，为镇北将军。韶为边将数十年，善养士卒，得其死力。常以警疆埸远斥候为务，先知动静而为之备，故鲜有负败。青、徐、汝、沛颇来归附，淮南滨江屯候皆撤兵远徙，徐、泗、江、淮之地，不居者各数百里。自权西征，还都武昌，韶不进见者十余年。权还建业，乃得朝觐。权问青、徐诸屯要害，远近人马众寡，魏将帅姓名，尽具识之，有问咸对。身长八尺，仪貌都雅。权欢悦曰：'吾久不见公礼，不图进益乃尔。'加领幽州牧、假节。"历史上的孙韶，不仅具有军事才能，也具有带兵之德，而我则为他的率真所感。

有人就孙韶在与曹丕这一战中私自出兵一事，以为其"鲁莽"至极，其实以陈寿《三国志》中对孙韶的评价可以看出孙韶在边疆为将数十年，深受士兵的爱戴。对战事也常"先知动静而为之备，故鲜有负败"。孙韶的"鲁莽"是在其"深知地利""先知动静而为之备"的基础上而为之也。

一个率真的孙韶，让人又恨、又爱、又忧、又怜的丰满的真性情之人。难怪当年孙权"明日见韶"就"甚器之"，小说在历史真实的基础上完成了这个历史人物的艺术塑造。

关于建德侯孙韶的几个问题的辨析

朱健文

内容摘要：

本文以陈寿《三国志·吴书》为第一手资料，对建德侯孙韶的四个问题进行了辨析。指出孙韶本来姓俞，改孙韶是孙策的赐姓；史书中曾经有过五位建德侯，其中称孙皓与孙韶第二个儿子孙越为建德侯是错误的，最重要的建德侯是孙韶；作者还认为孙权封孙韶为建德侯没有特别的寓意，不存在对孙韶“建立功德”的寄托；同时，作者还否定了孙韶的建德梅城人之说，认为孙韶的籍贯在今天的苏州市吴县。

关键词：孙韶　赐姓　建德侯　建德　吴人

英才辈出的三国，孙韶的名字算不上特别响亮。然而对于杭州的建德人来说，孙韶却是他们最为关注的风云人物。遗憾的是，直至今天，关于建德侯孙韶，还有许多剪不断理还乱的问题。笔者浅陋，在这里做些肤浅的辨析。不当之处，敬请诸位方家批评斧正。

一、孙韶是赐姓还是复姓？

这个问题，和孙韶的伯父孙河与江东的开国之主孙策有关。

探根究底，必须从源头说起。

《三国志·吴书·宗室传第六》记载："孙韶字公礼。伯父河，字伯海，本姓俞氏，亦吴人也。孙策爱之，赐姓为孙，列之属籍，后为将军，屯京城。"

这个在陈寿心里十分清楚的问题，由于古汉语的省略与句逗不清，造成了后人极大的困惑："孙策爱之，赐姓为孙"的主角到底是孙河还是孙韶？

幸好，紧跟在这段文字之后，有裴松之注《三国志》引《吴书》的一段记载，可以说明问题。

《吴书》曰："河，坚族子也，出后姑俞氏，后复姓为孙。河质性忠直，讷言敏行，有气干，能服勤。少从坚征讨，常为前驱。后领左右兵，典知内事，待以腹心之任。又从策平定吴、会，从权讨李术，术破，拜威寇中郎将，领庐江太守。"

所谓"族子"，查《辞源》，是指同族兄弟之子，自高祖四世而上称为族子。百度说得很复杂："族子本义，指的是祖父的亲兄弟的曾孙，即伯叔祖父（即从祖祖父）的曾孙，即祖父的侄曾孙（即族曾孙），是父亲的堂兄弟（即从父兄弟）的孙子，即堂伯叔父（即从祖父）的孙子，即父亲的堂侄孙（即族孙），是自己的从兄弟（即从祖兄弟）的儿子，是儿子的族兄弟。"

不管怎么说，"和，坚族子也"数字，可以断定孙河本来就姓孙。

至于"出后姑俞氏"，当指过继给姓俞的人为后代。这俞家，是孙河父亲的姐妹即孙河姑姑的家。也许是因为俞家当初没有儿子，所以孙河过继给了姑姑，因此成了俞河。从孙韶称呼孙河为伯父这一点我们可以知道，俞家后来至少有了一个亲生的儿子，即孙韶的父亲。或者因为这个原因，俞河恢复了自己的本姓，又重新叫孙河了。还有一种可能，那就是因为孙河年少时便跟随孙坚征讨沙场，典领亲兵，常为前驱，孙坚视为心腹。后又随孙策平定江东，多立战功，得到孙坚与孙策的赏识，在孙坚或孙策的提议或首肯下恢复了原先的“孙”姓。

总之，孙河是“复姓”不是“赐姓”。

也就是说，“赐姓”的不应该是孙河而是孙韶。孙韶在未赐姓前名叫俞韶。

为什么这么说呢？

除了上述裴松之注引《吴书》揭示的原因，还有两个理由。

首先，现在通行的《三国志》版本“孙韶字公礼。伯父河，字伯海，本姓俞氏，亦吴人也。孙策爱之，赐姓为孙，列之属籍，后为将军，屯京城”。所加的标点符号可能有误。“伯父河，字伯海”后面的“逗号”改为“句号”，或者直接将这六个字用括号括起来，似乎更加有理。一者，本传传主是孙韶，主角是孙韶，文字应该说孙韶为主。这段文字中的“伯父河，字伯海”六个字，仅仅用来交代孙韶与孙河的关系，是完全独立的。二者，因父之兄称“伯父”，河为韶伯父，即韶父之兄，是河作为俞家子的亲属关系说的。韶才是真正的本姓俞，即俞绍。如果将下面的文字连入，那么至少孙河“本姓俞氏”是说不通的。

其次，就“孙策爱之”而言，孙策 175 年生，孙韶 188 年生，孙河的生年虽然没有记载，但据史料推断，应早于孙策出生①。一般

---

① 200 年孙策遇害时，年 26 岁。时孙韶 13 岁，而孙河第三子孙桓 198 年生（年二十五，拜安东中郎将，与陆逊共拒刘备。《三国志・吴书・宗室传第六》按拒刘备时在黄武元年，即 222），算来已有 3 岁，按 20 岁开始每两年一个儿子估算，孙河当时应在 27 岁以上。

而言，爱而赐姓应是上对下、长对幼较为合理。孙韶与孙河两人比较，当然是孙韶更加符合这个潜规则。

再者，设若被赐姓的是孙河，那孙韶就应该还是姓俞才对，而不应该有孙河和俞韶都姓孙并且一起入列孙氏宗族的喜事。

也许有人会反驳，当年跟着孙策去打天下的只能是孙河，因为孙策在兴平二年（195）带兵渡江征讨吴郡时，孙韶当时还只有 8 岁，不可能上战场。

是啊，孙策去世时，孙韶也只有 13 岁，还是一个少年儿童，他何德何能，凭什么得到孙策的喜爱而赐姓？我想，这里有一个误区。那就是“孙策爱之”，并没有说“爱”的理由。所以这个“爱”，可以是军功，当然也可以不是军功！想明白了这个道理，就会豁然开朗了。也就是说，孙策爱孙韶，还是因为孙河的关系。孙河作为孙坚时期的老臣，为东吴的创立做出了不可磨灭的贡献，孙策对此当然十分清楚，也是充分肯定的。加之孙河本来就是本族的孙氏子孙，否则就不会有孙河复姓的公案。孙策渡江后，是先在吴地站稳脚跟的。孙河、孙韶正是吴人，所以少年孙韶跟随在孙河后面在孙策面前出现的概率是很大的。那个时期的孙韶，可能机灵活泼，可能天真顽皮，也可能是其他的什么打动了孙策；为了褒奖孙河，孙策让孙河复姓，孙河的四个儿子自然也跟着姓了孙。此时此刻，孙策爱屋及乌，将那个常常跟随在孙河屁股后面打转的小屁孩赐了孙姓，难道不是很顺理成章的事吗？

也许，还存在另外一种可能，那就是孙韶的少年早熟。估计孙韶很早就在军中搏杀。三国时期早早投身军旅的大有人在。孙权 15 岁已经是阳羡县长，吕蒙年十五随姐夫邓当浴血沙场都是很好的例子。孙河突然遇害，17 岁的孙韶能够处变不惊，不但即刻掌控孙河部众，并且成功度过孙权的攻城试探，也说明他有着丰富的治军经验。众所周知，治军经验并不是可以一蹴而就的，它需要天才的素质与丰富的实战积淀。也许，这种天才的素质，早在孙策时期就有所体现而被孙策慧眼相中了呢？这会不会加重孙策对他赐姓的砝码？

陈寿将孙韶放进了宗室传，是对孙韶军功政绩的充分肯定，是恰如其分的。至于《三国演义》第7回“坚又过房俞氏一子，名韶，字公礼”，将他定位成孙策与孙权的弟弟，新编《建德县志》和《梅城镇志》声称“孙韶（188—241），字公礼，今梅城人。本姓俞，孙策爱其善用兵，有将才，收为义子，赐姓孙”，将他说成是孙策的义子，与史无证，就显得荒唐无聊了。

二、建德侯就是孙韶吗？

这个答案是否定的！

有史为证的建德侯，史书上出现过五位。

最早的是东汉建德侯——唐林。

据载，战国时魏国人唐雎之孙唐厉迁于沛国（今属江苏），唐厉四世孙唐都任临邛（今属四川）令，唐林就是唐都之孙。

班固《汉书·卷九十九下·王莽传第六十九下》记载：

“四年五月，莽曰：‘保成师友祭酒唐林、故谏议祭酒琅邪纪逡，孝弟忠恕，敬上爱下，博通旧闻，德行醇备，至于黄发，靡有愆失。其封林为建德侯，逡为封德侯，位皆特进，见礼如三公。赐弟一区，钱三百万，授几杖焉。’”

这是说，天凤四年五月，王莽因为唐林和纪逡两人孝顺父母，恭敬兄长，对事忠诚，待人仁爱，尊敬朝廷，爱护百姓，广泛通晓古籍，德行纯厚完美，直到老年，没有过失。特意赐封唐林为建德侯，纪逡为封德侯，都给予特进之位，接见他们的礼仪像接见三公一样。赏赐大宅子一所，钱三百万，赐予几杖，以示敬意。

关于这个唐林，《汉书·卷七十二·王贡两龚鲍传·第四十二》

也有记载：

“自成帝至王莽时，清名之士，琅邪又有纪逡王思，齐则薛方子容，太原则郇越臣仲、郇相稚宾，沛郡则唐林子高、唐尊伯高，皆以明经饬行显名于世。……纪逡、两唐皆仕王莽，封侯贵重，历公卿位。唐林数上疏谏正，有忠直节。唐尊衣敝履空，以瓦器饮食，又以历遗公卿，被虚伪名。”

唐朝虞世南《北堂书钞·卷第一百一十五·武功部三·将帅四》也提到了这个唐林，说：“《汉书》唐林上书曰，虽百万之众不如一贤。故秦行千金以闲廉散千金以疏亚父。”但是今本《汉书》无此文字，不知何据。

名声最大的当属东吴末代皇帝孙皓。

孙皓封建德侯的记载最早见于《太平寰宇记·卷九十五》：“建德县，旧十六乡，今九乡，吴黄武四年分富春县之地置，属吴郡，以封孙皓为侯。甘露元年，孙皓于水滨得大鼎进之，吴后主因改宝鼎元年，封孙皓为建德侯。”《民国建德县志》亦有同样记载，也许是从《太平寰宇记》里抄袭来的。严州府知府杨守仁主修的《（万历）严州府志》卷之一“建置沿革·建德县附郭”声称：“本东汉吴郡富春县地。吴孙权黄武四年析建德县隶吴郡，封其子皓为建德侯。”《淳熙严州图经》卷二云：“建德县，本汉富春县地，吴孙权黄武四年，分富春置，隶吴郡，封子皓为建德侯。”顾祖禹在《读史方舆纪要》中说：“建德城，今府治，三国吴置县，孙皓初封建德侯，即此。”《大清嘉庆一统志》在“建德故城”中亦说：“孙皓初封建德侯，即此。”民国三十七年《重修浙江通志稿》同样说：“吴封孙皓于此，取天子建德之义。”

上述记载虽然众口一词，都声称孙皓曾经被封建德侯，可惜是错误的。

首先，《三国志·吴书·三嗣主传》云“孙皓字元宗，权孙，和子也，一名彭祖，字皓宗。孙休立，封皓为乌程侯”，后来孙皓降晋，封为归命侯。不见有孙皓封建德侯的记载。

其次，吴后主即孙皓（242—283），黄武四年置建德县（225年）时尚未出生。

另外，孙权对接班人的选择虽然常常出人意料，但他不是神仙，绝对不会算到自己的这位一手断送东吴大好江山的活宝孙子，日后能够登上九五至尊而“取天子建德之义”封其为建德侯。

还有，吴后主因为有人在建德水滨得大鼎进之，心里高兴，因而改甘露元年为宝鼎元年是事实，然而吴后主就是孙皓本人，已经是高高在上第一人了，将自己低封为建德侯，于情于理都说不通。

那么，孙皓的建德侯是怎么来的呢？检索《三国志·吴书·三嗣主传》（永安）“三年”（260）引《吴历》记：“是岁得大鼎于建德县。”《文献通考》卷三百有“孙休永安三年得大鼎于建德县”。《建康实录》亦载：“（永安三年）是年，得大鼎于建德县，告太庙，作宝鼎歌。”《册府元龟》《文献通考》等，也有类似记载，明确了宝鼎确实见于建德县。据此可知，或许是因为孙韶曾为建德侯，始作俑者误将献鼎者记于孙韶名下①，而“韶”与“皓”字相近，再衍生出孙皓得封建德侯的“故事”。

建德人最爱谈论的建德侯是孙韶。

几乎所有的史学著作、口头文学、古迹遗存，说到建德和建德侯，都会说到孙韶。

孙韶究竟是怎样一个人？当然，陈寿的说法最为可靠。

---

① 孙韶“赤乌四年（241）卒”，不可能在甘露元年（265）再献大鼎。

陈寿《三国志·吴书·宗室传第六》孙韶本传不是很长，为了全面了解孙韶，现在全文转录如下：

孙韶字公礼。伯父河，字伯海。本姓俞氏，亦吴人也。孙策爱之，赐姓为孙，列之属籍。后为将军，屯京城。

初，孙权杀吴郡太守盛宪，宪故孝廉妫览、戴员亡匿山中，孙翊为丹杨，皆礼致之。览为大都督督兵，员为郡丞。及翊遇害，河驰赴宛陵，责怒览、员，以不能全权，令使奸变得施。二人议曰："伯海与将军疏远，而责我乃耳。讨虏若来，吾属无遗矣。"遂杀河，使人北迎扬州刺史刘馥，令住历阳，以丹阳应之。会翊帐下徐元、孙高、傅婴等杀览、员。

韶年十七，收河余众，缮治京城。起楼橹，修器备议御敌。权闻乱，从椒丘还，过定丹杨，引军归吴。夜至京城下营，试攻惊之，兵皆乘城传檄备警，欢声动地，颇射外人，权使晓喻乃止。明日见韶，甚器之。即拜承烈校尉，统河部曲，食曲阿、丹徒二县，自置长吏，一如河旧。后为广陵太守、偏将军。

权为吴王，迁扬威将军，封建德侯。权称尊号，为镇北将军。

韶为边将数十年，善养士卒，得其死力。常以警疆场、远斥候为务，先知动静而为之备，故鲜有负败。青、徐、汝、沛，颇来归附，淮南滨江屯候，皆彻兵远徙，徐、泗、江、淮之地，不居者各数百里。自权西征还，都武昌，韶不进见者十余年。权还建业，乃得朝觐。权问青、徐诸屯要害，远近人马众寡，魏将帅姓名，尽具识之，有问咸对。身长八尺，仪貌都雅。权欢悦曰："吾久不见公礼，不图进益乃尔。"加领幽州牧、假节。

赤乌四年卒。子越嗣，至右将军。越兄楷，武卫大将军、临成侯，代越为京下督。楷弟异，至领军将军，奕，宗正卿，恢，武陵太守。天玺元年，征楷为宫下镇、骠骑将军。初，永安贼施但等劫皓弟谦，袭建业，或白楷二端、不即赴讨者。皓数遣诘楷。楷常惶怖，而卒被召，遂将妻子亲兵数百人归晋，晋以为车骑将军，封丹杨侯。

另外，《三国志·吴书·吴主传第二》黄武四年裴松之引《吴录》曰：

是冬魏文帝至广陵，临江观兵，兵有十余万，旌旗弥数百里，有渡江之志。权严设固守。时大寒冰，舟不得入江。帝见波涛汹涌，叹曰："嗟乎！固天所以隔南北也！"遂归。孙韶又遣将高寿等率敢死之士五百人于径路夜要之，帝大惊，寿等获副车羽盖以还。

还有《三国志·魏书·明帝纪第三》青龙二年记载：

五月，太白昼见。孙权入居巢湖口，向合肥新城，又遣将陆议、孙韶各将万余人入淮、沔。六月，征东将军满宠进军拒之。

这些是关于孙韶最权威的记载，可见孙韶不但是东吴的皇亲国戚，更是东吴战功赫赫的武将，他被孙权封为建德侯，是实至名归。

第四位建德侯是孙越。孙越是孙韶的第二个儿子，《太平寰宇记·卷九十五》说他"官至右将军，袭爵建德侯"。但是包括《三国志·吴书》在内的权威史书中都没有相同的记载，只能存疑。

第五位建德侯是元代的陈仲，记载于《元史》列传第九十六外夷二之安南卷。

安南，今称越南，古代也称交趾。中国与安南的关系自古相与甚密。秦统一天下，把东南亚一带与东南沿海及西南地区笼统划在桂林、南海、象郡范围内。秦亡时，南海尉赵佗将其地并入南海。汉置九郡时，交趾成为其中一郡。唐设道，交趾隶属于岭南西道。宋封丁部领为交趾郡王，位传三世后，被李公蕴所夺，宋即封公蕴为王。李氏传八世至吴昰。吴昰将王位传予其婿陈日煚。

元世祖中统二十二年，安南发生了一场战争。结果元朝左丞李恒指挥的军队直捣敌巢，败日烜兵船，“禽其建德侯陈仲”，取得了胜利。

白寿彝主编《中国通史》关于此役，也有“恒从镇南王脱欢攻安南，率所部与大将乌马儿由水路进兵，俘其建德侯陈仲；进陷天长府，复率水师追安南王，获船200艘”的记载。

当然，这个元朝的越南建德侯，与我们杭州的建德关联太远，我们没有必要花费更多的精力去研究。

三、封建德侯承载着孙权对孙韶别样的希望吗？

要说清这个问题，首先需要弄清建德侯与建德县的迟早问题。

其实，这个问题很简单，答案就在陈寿的《三国志》里。

《三国志・魏书・文帝纪》云：“（黄初二年）秋八月，孙权遣使奉章，并遣于禁等还。丁巳，使太常邢贞持节拜权为大将军，封吴王，加九锡。”

《三国志・吴书・吴主传第二》则载：“自魏文帝践阼，权使命称藩，及遣于禁等还。十一月，策命权曰：‘……今封君为吴王……今又加君九锡，其敬听后命。’”

《三国志・吴书・宗室传》则记：“权为吴王，迁扬威将军，封（孙韶）建德侯。”

结合上述三段文字可见，孙权封孙韶建德侯之时，应在孙权称吴王之际。即魏黄初二年，也就是公元221年。

而建德县的设立，《淳熙严州图经》《万历严州府志》《太平寰宇记》《民国建德县志》等都有记载，认为是“建德县，本汉富春县地”“分富春置，吴黄武四年（225）”等。

在《三国志・吴书・吴主传第二》“（黄武）五年春，分三郡恶地十县置东安郡”后，卢弼《三国志集注》有一段按语，云：

《全琮传》：丹杨、吴、会山民复为寇贼，攻没属县，权分三郡险地为东安郡。胡三省曰：吴会，吴郡、会稽也。三郡，豫章、丹阳、新都也。或曰：三郡，丹阳、吴、会稽也。弼按：豫章、丹阳、新都三郡相去太远，以丹阳、吴郡、会稽三郡为是。何焯曰："三郡"上不著丹阳、吴郡、会稽，疑是脱文。赵一清曰：《方舆纪要》卷九十：东安城在杭州富阳县北十八里，郡守全琮筑。一清案，十县之名不可考。《宋书州郡志》以吴郡之新城为吴立，又建德、桐庐、寿昌三县皆是吴分富春立，疑皆属东安，后罢郡以县属吴也。钱大昕曰：《水经注》：黄武四年，孙权以富春为东安郡分置诸县。沈约《州郡志》亦云黄武四年以富春为东安郡，与此相差一岁，盖分郡之议在四年，以全琮为守在五年也。郡治富春县，其九县无考。《太平寰宇记》：建德、桐庐二县俱黄武四年分富春置，当是东安属县也。

可见，建德县之置立，是在吴黄武四年（225），已经是孙权封孙韶为建德侯四五年之后了。也就是说，建德县不可能是孙韶的封地！

这就产生了一个很有意思的问题，孙权封孙韶为建德侯的真正用意究竟是什么？

为了弄清这个问题，我们需要先弄懂三国时期侯位的等级。

列侯是原秦国军功爵的最高一级，原名"彻侯"，后避汉武帝刘彻讳，改为列侯，又叫"通侯"。列侯有食邑（即封地），根据食邑大小，列侯又分为县侯、乡侯、亭侯。其中县侯是最高级别的侯爵，如袁绍被封为邺侯。食邑过万户者又俗称万户侯。乡是县下一级的行政单位，所以乡侯低于县侯，如张飞被封为西乡侯。而亭是乡下一级的行政单位，可见亭侯的地位更低，刘邦就曾任过亭长。亭侯是以一亭或数亭为食邑，如关羽为汉寿亭侯。

另外，还有：

都乡侯，位于列侯倒数第二级，都亭侯之上，有封地、食户三百。

都亭侯，位在都乡侯之下，有封地、食户二百。

关内侯，原秦国军功爵的第十九爵，位在列侯之下，邑百户。

名号侯，意为只有名号而没有封邑。汉末曹操始置，以赏军功。位在关内侯之下。

关中侯，汉末曹操始置，以赏军功，无封邑，为虚封。位在名号侯之下。

侯位一般都由中央朝廷来封。曹操因为“挟天子以令诸侯”，所以上表请封比较容易，魏的侯多些也正常。除了极个别例外，蜀、吴的侯大都是刘备、孙权称王称帝后封的。

翻检《三国志·吴书》，孙权的封侯，基本集中在三个时期，一是擒杀关羽之后，一是封吴王之时，一是称帝之际。封侯的对象，大多是冲锋陷阵的武将，很少有文人获此殊荣。

孙韶是孙权封为吴王的那次被封建德侯的。在此之前受封或差不多时间受封的，还有：

孙邵封阳美侯。

张昭封由拳侯。

顾雍封阳遂乡侯。

诸葛瑾封宣城侯。黄武元年封宛陵侯。

步骘封广信侯。黄武二年改封临湘侯。

周泰封陵阳侯。

潘璋封溧阳侯。

朱治封毗陵侯。

朱然封西安乡侯。黄武元年封永安侯。

吕范封宛陵侯。

骆统封新阳亭侯。

陆逊封华亭侯。进封娄侯。改封江陵侯。

贺齐封山阴侯。

全琮封阳华亭侯。黄武元年，进封钱唐侯。

是仪封都亭侯，进封都乡侯。

综、仪、详亭侯。

……

这份“东吴封侯录”是笔者检索《三国志·吴书》后整理的，也许有较大的遗漏，但从中还是可以看出，孙权封侯，是遵循传统的，即封侯的同时一般都会封有对应的食邑。只有孙韶的建德侯，因为当时还没有真正的建德县，而且即使存在建德县①，孙韶也够不上县侯的级别，所以孙韶的建德侯，显而易见，仅仅只是没有封邑的名号侯。

为什么会这样？

有许多的猜想。

有人说，这要从孙韶本人的作为和孙权对他的期望两方面来看。孙韶在吴魏边境数十年，兼管军事和政治，“善养士卒，得其死力”。正因为他深知人心向背的重要性，采取了一系列安定社会、发展生产的措施，才会有“青、徐、汝、沛颇来归附”的结果。青、徐、汝、沛当时属曹魏的地盘，敌国百姓闻风归附是政治清明的最好证明，也是孙韶懂得政治的最好证明。孙韶守边的成功是他在辖区内推行德治的成功，也是孙权最愿意看到的结果，封他为建德侯，既

① 安徽历史上也存在过建德县，但是查不到它的建置始于何年。

是对孙韶政绩的肯定，也寄托着孙权对他的期望。

这段话貌似有理，实际上却有一个致命的硬伤，即孙韶是封建德侯在前，在吴魏边境守边在后。因此，因为守边推行德治成功而封侯寄托期望的说法是不成立的。

又有人说，古人认为，立德、立功、立言是人生事业的三个层次，而立德又是最高的境界。孙权分故乡富春之地而曰“建德”，透露出孙权看重德业的政治思想。四年后，孙权定都秣陵，改名建业。建德和建业两个地名，十分耐人寻味：国都是政治中心，乃建功立业之处，取名建业，十分贴切；故乡是祖业之本，乃厚德载物之基，故名建德，不亦宜乎！孙权饱读诗书，深知进德修业之重要，更明白德在业先的道理，从他对于建德和建业关系的处理上，可以明显的看出来他是将德放在业之前的。

既然“建德”的地位如此重要，那么就有了新的问题：孙韶虽然是宗室，但地位毕竟没有孙权的儿子高贵。当时孙权的长子孙登是王太子，假如当时孙权的确如此考虑“建德”和“建业”，那么理所当然应该让孙登挑起“建德”的重任。考之实际，孙登也完全能够担当此任。事实上，孙权没有封孙登为“建德侯”，只能说明是我们后人将问题复杂化了。

有一个案例值得我们重视。当年曹操讨张绣，江夏平春人李通“将兵夜诣太祖，太祖得以复战，通为先登，大破绣军。拜裨将军，封建功侯”。曹操虽然是孙权的敌人，但是孙权对曹操是十分尊重的。他对曹操的研究也十分认真。“建功侯”与“建德侯”是那么的相似，会不会是孙权的一时效颦呢？

孙韶封侯之前，是有食邑的。孙韶受到孙权重视后，“统河部曲，食曲阿、丹徒二县，自置长吏，一如河旧”。按照孙韶的贡献，他当然有资格封侯。但是，“孙桓字叔武，河之子也。年二十五，拜安东中郎将，与陆逊共拒刘备。桓以功拜建武将军，封丹徒侯”，即“丹徒侯”的名号孙权已经给了孙韶的堂兄弟孙桓了。也许正因为如此，孙权一时兴起，效颦曹操，封了孙韶“建德侯”这样一个“名号侯”，这仅仅是对孙韶以前努力的一种褒奖，并没有其他深层次的内涵。将“建德侯”与所谓的“建立功德”联系，也许是我们后人一厢情愿的猜想。

四、孙韶是建德梅城人吗？

民国以来，很多研究建德历史的人，都认为孙韶是建德梅城人。

《民国建德县志》卷九云：“孙韶，字公礼，原县之俞姓子孙。孙策爱之，赐姓孙，列之属籍。”新编《建德县志》和《梅城镇志》亦同样记载：“孙韶（188—241），字公礼，今梅城人。本姓俞，孙策爱其善用兵，有将才，收为义子，赐姓孙。”

果真如此？

答案还是应该从最权威的《三国志》中去寻找。

《三国志·吴书·宗室传第六》记载：“孙韶字公礼。伯父河，字伯海。本姓俞氏，亦吴人也。”

很清楚，孙韶和孙河都是“吴人”，所以要弄清孙韶是哪里人，关键是要弄清“亦吴人也”的“吴人”之确切含义。

所谓“吴”，即东汉时的吴县，亦就是现在的苏州市吴县。据李吉甫《元和郡县图志》卷二十五记载：“后汉顺帝永建四年（129），阳羡令周喜、山阴令殷重上书，求分二郡，遂割浙江以东为会稽，浙江以西为吴郡。孙氏创业，亦肇迹于此。”吴郡领13个县：吴、海盐、乌程、余杭、毗陵、丹徒、曲阿、由拳、永安、富春、阳羡、无锡、娄。吴为首县。

“吴人”不是指大概念的“吴郡人”，而是“吴郡吴县人”的特指。

检索陈寿的《三国志·吴书》，介绍吴郡的人物，只有两种情况，一是直接标明吴郡某县，如：

孙坚字文台，吴郡富春人。

凌统字公绩，吴郡余杭人也。

吴主权徐夫人，吴郡富春人也。

顾雍字元叹，吴郡吴人也。

朱桓字休穆，吴郡吴人也。

陆绩字公纪，吴郡吴人也。

张温字惠恕，吴郡吴人也。

朱据字子据，吴郡吴人也。

陆逊字伯言，吴郡吴人也。

陆凯字敬风，吴郡吴人也。

暨艳字子休，亦吴郡人也。

吾粲字孔休，吴郡乌程人也。

全琮字子璜，吴郡钱唐人也。

周鲂字子鱼，吴郡阳羡人也。

徐详者字子明，吴郡乌程人也。

韦曜字弘嗣，吴郡云阳人也。

华覈字永先，吴郡武进人也。

吴郡余杭民郎稚。

吴郡乌程严白虎。

第二种只指出郡名没有标明县的名字，如：

岱字孔文，吴郡人也。

沈友字子正，吴郡人。

沈珩字仲山，吴郡人。

张敦字叔方，静字玄风，并吴郡人。

吕岱亲近吴郡徐原。

吴郡顾谭。

时皇象亦寓居山阴，吴郡张温来就象学。

这两种方法，“吴郡人”与“吴人”有明确的界限，所以，“寓字孔儒，吴人也”“张俨字子节，吴人也”“孙破虏吴夫人，吴主权母也。本吴人，徙钱唐，早失父母，与弟景居”。虽然没有标明郡名，但所指十分明确，其中的“吴人”，是“吴县人”的省略，而绝对不是“吴郡人”的省略。

因此，“孙韶字公礼。伯父河，字伯海。本姓俞氏，亦吴人也”。清楚地告诉我们孙韶的籍贯是三国时期的吴郡吴县，也就是今天的江苏省苏州市吴县。

有人说，陈寿将孙韶放进宗室传，说明孙韶与孙权一样是吴郡富春人，而建德梅城当年属于吴郡富春县，所以说孙韶是建德梅城人是有可能的。

这种看法不能认可。首先，孙韶的宗室身份是由于伯父孙河的关系，与孙权的血缘有较远的距离；其次，即使认可孙韶与孙权一样是吴郡富春人，孙权的籍贯在今天的富阳是众所周知的史实。所以硬要将孙韶往建德梅城牵连是不切实际的。

孙韶封侯后，开始了漫长而艰难的几十年守边生涯。勤勤恳恳忠于国事的孙韶离不开前线，以致连孙权的面都很难见到。建德与孙韶守边的“青、徐、汝、沛”有不远的距离，从这个角度猜想，说孙韶一辈子都没有踏上过建德这方热土，也不是完全没有道理。

幸运的是，据《严陵大山孙氏宗谱》记载，孙姓五十三世①孙

---

① 孙氏宗谱存世较多，但基本上都以孙武为十三世。

立鳌，“由桐江驿迁居郡城（梅城），世居焉”。时为唐中期。其后人再往下九代“之”字辈，才开始外迁。有一支继续世居郡城，另一支大山支派则开始定居县（建德梅城）南马目山之麓旌孝里之里庄。他们自称是建德侯的子孙，并在当地建起建德侯庙和孙氏祠堂（汉富春堂），日夜供奉并祭奠着这位著名的三国英雄。

中国三国演义学会理事、杭州三国水浒学会副会长朱健文丁酉腊月写于富春江畔里仁书屋

2016 年 6 月 24 日

极有胆勇的少年将军孙韶

朱睦卿

孙韶（188—241），字公礼，三国时吴郡富春人，是唯一一个被收入《三国志》和《三国演义》的建德人。

孙韶从小跟随伯父孙河。孙河是一位能征善战的人，与孙坚同族，后过继给姑父俞氏，随孙坚东征西讨，常为前驱，深受孙坚信任和倚重，“待以腹心之任”，被孙坚赐姓为孙。孙坚死后，孙河又随孙策平定吴、会，孙策死，又辅佐策弟孙权，讨伐李术，拜威寇中郎将，领庐江（今安徽合肥）太守。后为将军，屯京城（今江苏镇江）。因部属叛乱，孙河在丹杨（今安徽当涂）被叛将所杀。当时孙韶才十七岁，闻讯后，并不慌张，而是整顿部队，“收河余众”，加固城防，修缮战船，打造兵器，做好迎战的准备。孙权得到叛乱的消息，从椒丘（今江西新建）领兵到丹杨平定了叛乱，返回途中路过京城，天色已晚，就在城外安营。孙权见城内没有动静，就让部将试着攻城。谁知城上立即有人发出战斗的警报，“传檄备警，欢声动地，颇射外人”，箭如飞蝗一般地射来，孙权赶紧让喊话，通知城内是自己人，这才停止射箭。第二天，孙权入城，见到孙韶，十分器重，马上封他为承烈校尉，统领孙河旧部，并将曲阿（今江苏丹阳）、丹徒（今江苏丹徒）二县作为他的食邑（享受赋税），并允许他自己设立办事机构，设置长史，保持和孙河同等的待遇。不久，调任广陵（今江苏扬州）太守、偏将军。广陵地处吴魏边境，责任重大，而且身兼行政领导和军事首长，上马管兵，下马管民，对他的政治才能和军事才能都是严重的考验。魏文帝黄初二年（221），孙权接受文帝曹丕的封号，称吴王，升孙韶为扬威将军，并封爵建德侯。第二年，孙权称帝，建元黄武，加封孙韶为镇北将军。黄武四年（225），孙权从家乡富春县划出土地，设置了建德、新昌、桐庐三县，将建德县作为孙韶的封地，建德县之设自此始。

孙韶镇守边关数十年，“善养士卒，得其死力”，爱护兵卒将领，部下都愿意听从他的号令，愿出死力，因此军纪严明，军队的战斗力很强。孙韶十分注意了解敌情，常常派人外出侦察，掌握敌方的动态，并预先做好应变的准备，所以他很少失误，打败仗。因为孙韶治军、治民有方，魏国边界上的青、徐、汝、沛等州之民前来投奔依附的有不少，淮河以南靠近长江的魏国军队都撤走了，徐、泗、江、淮一带两国交界之处，竟然出现了几百里的无人区。

孙权统兵西征，与魏、蜀交战，把国都也迁到湖北武昌，孙韶远在长江下游，十多年没有见到孙权，一直到黄龙元年（229）孙权还都建业之后，孙韶才有机会朝见。孙权询问魏国南部边境青、徐一带的军队要塞、布防情况、将帅姓名、兵力多少，孙韶随问随答，没有答不上来的。孙权听了十分满意。又见孙韶生得身材魁梧，风度不凡，孙权非常赞赏，十分高兴，对人说：“我很久不见公礼，不料他的进步这么快！”加封他领幽州牧，持皇帝节旄。

孙韶的生平事迹收在《三国志·吴书》的宗室传中，在著名的古典文学名著《三国演义》中也有关于他的故事，写到孙韶的这回书为第八十六回“难张温秦宓逞天辩，破曹丕徐盛用火攻”。书中写魏主曹丕发水陆军马三十余万，御驾亲征，杀奔东吴，要为其父曹操报赤壁兵败之仇。鉴于魏兵势大，东吴统帅徐盛定下了凭借长江天险，以守为攻的战略。可是年少气盛的孙韶却主张主动出战迎敌，并不顾军令，私自“引本部三千精兵，潜地过江”去了。孙韶此举，虽属冒险，却也成竹在胸。因为他在江北镇守多年，十分熟悉那边的地形，并料定魏兵因天寒必不能持久，很快就会退兵，故在其必经之地淮口设伏，杀其不备。事实果如孙韶所料，魏兵“回军”时由江入淮，孙韶以逸待劳，一举杀出，“魏兵不能抵当，折其大半，淹死者无数”，又遇老将丁奉火攻，折了大将张辽，“孙韶、丁奉夺得马匹、车仗、船只、器械，不计其数，魏兵大败而回”，为打败魏国的进攻取得了关键性的胜利。

罗贯中的这段书极力渲染孙韶“年幼负气，极有胆勇”的性格。他反对单纯防御，主张主动出击，当面顶撞主帅徐盛，“愿自去江北，与曹丕决一死战，如不胜，甘当军令”。惹得徐盛火起，以违抗军令的罪名将他推出辕门斩首，幸好孙权飞马赶来救下。孙韶向孙权哭诉：“臣往年在广陵，深知地利，不就那里与曹丕厮杀，直待他下了长江，东吴指日休矣！”说的不是没有道理。孙韶曾向徐盛提出建议，但未被采纳，一个“只是不肯”，一个却“再三要行”，后来终究还是“潜地过江去了”。不长的篇幅，将孙韶写得有棱有角，性格鲜明，虎虎有生气。

《三国演义》中借孙权之口对孙韶加以表述。当孙韶违令将斩，孙权赶来相救，徐盛以军法“乃国家之典刑，若以亲而免之，何以令众”为由，不肯赦免孙韶时，孙权不得已，将亡兄孙策搬了出来：“奈此子是伯海亲侄，少亡其父，依傍伯海养之，本姓俞氏，然孤兄（策）甚爱之，赐姓孙；于孤颇有劳绩。今若杀之，负兄之义，又灭绝俞门之后。”孙权这段话完全可以与史书相印证，孙韶后裔如今犹存，1700 多年的历史得以完整的延续至今，这在中国历史上可能也是很少见的吧。

孙韶于东吴赤乌四年（241）去世，享年 54 岁。他的后代世居州城。“五代末季，郡城刻日有兵戈之忧”，族人“各四散”，有孙之名（行万五）者率族人迁居到“郡南马目山麓，地曰‘大山’”（《富春堂孙氏宗谱》）之处，子孙繁衍，自成村落，后名“孙家村”，今名“孙家”，村中至今尚保存着富春堂、建德侯庙等古建筑。

孙家坐落在马目山脚，周围四峰环抱，故又称四峰村。其村落布局呈 S 形，极似太极阴阳鱼图形，卵石铺路，水渠沿村道而流，丛林蔽日，竹木参天，生态环境十分优良。富春堂位于村中，门楼两侧一边为石材一边为木材，据说此是因为孙韶非孙氏嫡裔而乃俞氏改姓之故。村中几乎全为孙姓。民风淳厚，环境幽静，有如世外桃源，确是一个遁世避乱的好地方。

附 录

《三国演义》第八十六回
难张温秦宓逞天辩　破曹丕徐盛用火攻

却说东吴陆逊自退魏兵之后，吴王拜逊为辅国将军、江陵侯，领荆州牧。自此军权皆归于逊。张昭、顾雍启奏吴王，请自改元。权从之，遂改为黄武元年。忽报魏主遣使至。权召入，使命陈说："蜀前使人求救于魏，魏一时不明，故发兵应之，今已大悔。欲起四路兵收川，东吴可来接应。若得蜀土，各分一半。"权闻言不能决，乃问于张昭、顾雍等。昭曰："陆伯言极有高见，可问之。"权即召陆逊至。逊奏曰："曹丕坐镇中原，急不可图，今君不从，必为仇矣。臣料魏与吴皆无诸葛亮之敌手，今且勉强应允，整军预备，只探听四路如何。若四路兵胜，川中危急，诸葛亮首尾不能救，主上则发兵以应之，先取成都，深为上策。如四路兵败，别作商议。"权从之，乃谓魏使曰："军需未办，择日便当起程。"使者拜辞而去。权令人探得西番兵出西平关，见了马超，不战自退；南蛮孟获起兵攻四郡，皆被魏延用疑兵计杀退，回洞去了；上庸孟达，兵至半路，忽然染病不能行；曹真兵出阳平关，赵子龙拒住各处险道，果然"一将守关，万夫莫开"，曹真屯兵于斜谷道，不能取胜而回。孙权知了此信，乃谓文武曰："陆伯言真神算也。孤若妄动，又结怨于西蜀矣。"

忽报西蜀遣邓芝到。张昭曰："此又是诸葛亮退兵之计，遣邓芝为说客也。"权曰："当何以答之？"昭曰："先于殿前立一大鼎，贮油数百斤，下用炭烧。待其油沸，可选身长面大武士一千人，各执刀在手，从宫门前直摆至殿上，却唤芝入见。休等此人开言下说词，责以郦食其说齐故事，效此例烹之，看其人如何对答。"权从其言，遂立油鼎，命武士立于左右，各执军器，召邓芝入。芝整衣冠而入，行至宫门前，只见两行武士，威风凛凛，各持钢刀、大斧、长戟、短剑，直列至殿上。芝晓其意，并无惧色，昂然而行。至殿前又见鼎镬内热油正沸，左右武士以目视之，芝但微微而笑。近臣引至帘前，邓芝长揖不拜。权令卷起珠帘，大喝曰："何不拜？"芝昂然而答曰："上国天使，不拜小邦之主。"权大怒曰："汝不自料，欲掉三寸之舌，效郦生说齐乎？可速入油鼎！"芝大笑曰："人皆言东吴多贤，谁想惧一儒生。"权转怒曰："孤何惧尔一匹夫耶？"芝曰："既不惧邓伯苗，何愁来说汝等也？"权曰："尔欲为诸葛亮作说客，来说孤绝魏向蜀是否？"芝曰："吾乃蜀中一儒生，特为吴国利害而来。乃陈兵设鼎，以拒一使，何其局量之不能容物耶？"

权闻言惶愧，即叱退武士，命芝上殿，赐坐而问曰："吴、魏之利害若何？愿先生教我。"芝曰："大王欲与蜀和，还是欲与魏和？"权曰："孤正欲与蜀主讲和，但恐蜀主年轻识浅，不能全始全终耳。"芝曰："大王乃命世之英豪，诸葛亮亦一时之俊杰；蜀有山川之险，吴有三江之固。若二国连和，共为唇齿，进则可以兼吞天下，退则可以鼎足而立。今大王若委质称臣于魏，魏必望大王朝觐，求太子以为内侍。如其不从，则兴兵来攻，蜀亦顺流而进取。如此则江南之地，不复为大王有矣。若大王以愚言为不然，愚将就死于大王之前，以绝说客之名也。”言讫，掩衣下殿，望油鼎中便跳。权急命止之，请入后殿，以上宾之礼相待。权曰：“先生之言，正合孤意。孤今欲与蜀主连和，先生肯为我介绍乎？”芝曰：“适欲烹小臣者乃大王也，今欲使小臣者亦大王也。大王犹自狐疑未定，安能取信于人？”权曰：“孤意已决，先生勿疑。”于是吴王留住邓芝，集多官问曰：“孤掌江南八十一州，更有荆楚之地，反不如西蜀偏僻之处也？蜀有邓芝，不辱其主；吴并无一人入蜀，以达孤意。”忽一人出班奏曰：“臣愿为使。”众视之，乃吴郡吴人，姓张，名温，字惠恕，现为中郎将。权曰：“恐卿到蜀见诸葛亮，不能达孤之情。”温曰：“孔明亦人耳，臣何畏彼哉！”权大喜，重赏张温，使同邓芝入川通好。

却说孔明自邓芝去后，奏后主曰：“邓芝此去，其事必成。吴地多贤，定有人来答礼，陛下当礼貌之，令彼回吴以通盟好。吴若通和，魏必不敢加兵于蜀矣。吴、魏宁靖，臣当征南，平定蛮方，然后图魏。魏削则东吴亦不能久存，可以复一统之基业也。”后主然之。忽报东吴遣张温与邓芝入川答礼。后主聚文武于丹墀，令邓芝、张温入。温自以为得志，昂然上殿，见后主施礼。后主赐锦墩坐于殿左，设御宴待之。后主但敬礼而已。宴罢，百官送张温到馆舍。次日，孔明设宴相待。孔明谓张温曰：“先帝在日，与吴不睦，今已晏驾。当今主上，深慕吴王，欲捐旧忿，永结盟好，并力破魏。望大夫善言回奏。”张温领诺。酒至半酣，张温喜笑自若，颇有傲慢之意。

次日，后主将金帛赐予张温，设宴于城南邮亭之上，命众官相送。孔明殷勤劝酒。正饮酒间，忽一人乘醉而入，昂然长揖，入席就坐。温怪之，乃问孔明曰：“此何人也？”孔明答曰：“姓秦，名宓，字子敕，现为益州学士。”温笑曰：“名称学士，未知胸中曾学事否？”宓正色而言曰：“蜀中三尺小童尚皆就学，何况于我？”温曰："且说公何所学？"宓对曰："上至天文，下至地理，三教九流，诸子百家，无所不通；古今兴废，圣贤经传，无所不览。"温笑曰："公既出大言，请即以天为问。天有头乎？"宓曰："有头。"温曰："头在何方？"宓曰："在西方。《诗》云：'乃眷西顾。'以此推之，头在西方也。"温又问："天有耳乎？"宓答曰："天处高而听卑，《诗》云：'鹤鸣九皋，声闻于天。'无耳何能听？"温又问："天有足乎？"宓曰："有足。《诗》云：'天步艰难。'无足何能步？"温又问："天有姓乎？"宓曰："岂得无姓！"温曰："何姓？"宓答曰："姓刘。"温曰："何以知之？"宓曰："天子姓刘，以故知之。"温又问曰："日生于东乎？"宓对曰："虽生于东，而没于西。"此时，秦宓语言清朗，答问如流，满坐皆惊。张温无语。

宓乃问曰："先生东吴名士，既以天事下问，必能深明天之理。昔混沌既分，阴阳剖判，轻清者上浮而为天，重浊者下凝而为地。至共工氏战败，头触不周山，天柱折，地维缺，天倾西北，地陷东南。天既轻清而上浮，何以倾其西北乎？又未知轻清之外，还是何物？愿先生教我。"张温无言可对，乃避席而谢曰："不意蜀中多出俊杰，恰闻讲论，使仆顿开茅塞。"孔明恐温羞愧，故以善言解之曰："席间问难，皆戏谈耳。足下深知安邦定国之道，何在唇齿之戏哉？"温拜谢。孔明又令邓芝入吴答礼，就与张温同行。张、邓二人拜谢孔明，望东吴而来。

却说吴王见张温入蜀未还，乃聚文武商议。忽近臣奏曰："蜀遣邓芝同张温入国答礼。"权召入。张温拜于殿前，备称后主、孔明之德，愿求永结盟好，特遣邓尚书又来答礼。权大喜，乃设宴待之。权问邓芝曰："若吴、蜀二国同心灭魏，得天下太平，二主分治，岂不乐乎？"芝答曰："天无二日，民无二王。如灭魏之后，未识天命所归何人。但为君者各修其德，为臣者各尽其忠，则战争方息耳。"

权大笑曰：“君之诚款，乃如是耶！”遂厚赠邓芝还蜀。自此吴、蜀通好。

却说魏国细作人探知此事，火速报入中原。魏主曹丕听知，大怒曰：“吴、蜀连和，必有图中原之意也，不若朕先伐之。”于是大集文武，商议起兵伐吴。此时大司马曹仁、太尉贾诩已亡。侍中辛毗出班奏曰：“中原之地，土阔民稀，而欲用兵，未见其利。今日之计，莫若养兵屯田十年，足食足兵，然后用之，则吴、蜀方可破也。”丕怒曰：“此迂儒之论也。今吴、蜀连和，早晚必来侵境，何暇等待十年！”即传旨起兵伐吴。司马懿奏曰：“吴有长江之险，非船莫渡。陛下必御驾亲征，可选大小战船，从蔡、颍而入淮，取寿春，至广陵渡江口，径取南徐，此为上策。”丕从之。于是日夜并工，造龙舟十只，长二十余丈，可容二千余人；收拾战船三千余只。魏黄初五年秋八月，会聚大小将士，令曹真为前部，张辽、张郃、文聘、徐晃等为大将先行，许褚、吕虔为中军护卫，曹休为合后，刘晔、蒋济为参谋官。前后水陆军马三十余万，克日起兵。封司马懿为尚书仆射，留在许昌，凡国政大事，并皆听懿决断。

不说魏兵起程。却说东吴细作探知此事，报入吴国。近臣慌奏吴王曰：“今魏王曹丕亲自乘驾龙舟，提水陆大军三十余万，从蔡、颍出淮，必取广陵渡江来下江南，甚为利害。”孙权大惊，即聚文武商议。顾雍曰：“今主上既与西蜀连和，可修书与诸葛孔明，令起兵出汉中，以分其势。一面遣一大将，屯兵南徐以拒之。”权曰：“非陆伯言不可当此大任。”雍曰：“陆伯言镇守荆州，不可轻动。”权云：“孤非不知，奈眼前无替力之人。”言未尽，一人从班部内应声而出曰：“臣虽不才，愿统一军以当魏兵。若曹丕亲渡大江，臣必生擒以献殿下。若不渡江，亦杀魏兵大半，令魏兵不敢正视东吴。”权视之，乃徐盛也。权大喜曰：“如得卿守江南一带，孤何忧哉！”遂封徐盛为安东将军，总镇都督建业、南徐军马。

盛谢恩，领命而退，即传令教众官军多置器械，多设旌旗，以为守护江岸之计。忽一人挺身出曰：“今日大王以重任委托将军，欲破魏兵以擒曹丕。将军何不早发军马渡江，于淮南之地迎敌？直待曹丕兵至，恐无及矣。”盛视之，乃吴王侄孙韶也。韶字公礼，官授扬威将军，曾在广陵守御，年幼负气，极有胆勇。盛曰：“曹丕势大，更有名将为先锋，不可渡江迎敌。待彼船皆集于北岸，吾自有计破之。”韶曰：“吾手下自有三千军马，更兼深知广陵路势，吾愿自去江北，与曹丕决一死战。如不胜，自当军令。”盛不从，韶坚执要去，盛只是不肯，韶再三要行。盛怒曰：“汝如此不听号令，吾安能制诸将乎！”叱武士推出斩之。刀斧手拥孙韶出辕门之外，立起皂旗。韶部将飞报孙权。权听知，急上马来救。武士恰待行刑，孙权早到，喝散刀斧手，救了孙韶。韶哭奏曰：“臣往年在广陵，深知地利，不就那里与曹丕厮杀，直待他下了长江，东吴指日休矣！”

权径入营来。徐盛迎接入帐，奏曰：“大王命臣为都督提兵拒魏。今扬威将军孙韶不遵军法，军法当斩，大王何故赦之？”权曰：“韶倚血气之壮，误犯军令，万希宽恕。”盛曰：“法非臣所立，亦非大王所立，乃国家之典刑也。若以亲而免之，何以令众乎？”权曰：“韶犯法，本应任将军处治，奈此子虽本姓俞氏，然孤兄甚爱之，赐姓孙，于孤颇有劳绩。今若杀之，负兄义矣。”盛曰：“且看大王之面，寄下死罪。”权令孙韶拜谢。韶不肯拜，厉声而言曰：“据吾之见，只是引军去破曹丕，便死也不服你的见识。”徐盛变色。权叱退孙韶，谓徐盛曰：“便无此子，何损于兵？今后勿再用之。”言讫自回。是夜，人报徐盛说：“孙韶引本部三千精兵，潜地过江去。”盛恐有失，于吴王面上不好看，乃唤丁奉授以密计，引了三千兵渡江接应。

却说魏主驾龙舟至广陵，前部曹真已领兵列于大江之岸。曹丕问曰："江岸有多少兵？"真曰："隔岸远望，并不见一人，亦无旌旗营寨。"丕曰："此必诡计也，朕自往观其虚实。"于是大开江道，放龙舟直至大江，泊于江岸。船上建龙凤日月五色旌旗，仪銮簇拥，光耀射目。曹丕端坐舟中，遥望江南，不见一人。回顾刘晔、蒋济曰："可渡江否？"晔曰："兵法实实虚虚，彼见大军至，如何不作整备？陛下未可造次，且待三五日，看其动静，然后发先锋渡江以探之。"丕曰："卿言正合朕意。"

是日天晚，宿于江中。当夜月黑，军士皆执灯火，明耀天地，恰如白昼。遥望江南，并不见半点儿火光。丕问左右曰："此何故也？"近臣奏曰："想闻陛下天兵来到，故望风逃窜耳。"丕暗笑。及至天晓，大雾迷漫，对面不见。须臾风起，雾散云收，望见江南一带，皆是连城。城楼上枪刀耀日，遍城尽插旌旗号带。顷刻数次人来报："南徐沿江一带，直至石头城，一连数百里，城廓舟车，连绵不绝，一夜成就。"曹丕大惊。原来徐盛先缚芦苇为人，尽穿青衣，执旌旗立于假城疑楼之上。魏兵见城上许多人马，如何不胆寒。丕叹曰："魏虽有武士千群，无所用之，江南人物如此，未可图也。"

正惊讶间，忽然狂风大作，白浪滔天，江水溅湿龙袍，大船将覆。曹真慌令文聘撑小舟急来救驾。龙舟上人立站不住。文聘跳上龙舟，负丕下得小舟，奔入河港。忽流星马报："赵云引兵出阳平关，径取长安。"丕听得大惊失色，便教回军。众军各自奔走。背后吴兵追至，丕传旨教尽弃御用之物而走。龙舟将次入淮，忽然鼓角齐鸣，喊声大震，刺斜里一彪军杀到，为首大将乃孙韶也。魏兵不能抵当，折其大半，淹死者无数。诸将奋力救出魏主。魏主渡淮河，行不三十里，淮河中一带芦叶，预灌鱼油，尽皆火着，顺风而下。风势甚急，火焰漫空，截住龙舟。丕大惊，急下小船傍岸时，龙舟上早已火着。丕慌忙上马。岸上一彪军杀来，为首将军乃丁奉也。张辽急拍马来迎，被奉一箭射中其腰，却得徐晃救了，同保魏主而走，折军无数。背后孙韶、丁奉夺得马匹、车仗、船只、器械，不计其数。魏兵大败而回。吴将徐盛全获大功，吴王重加赏赐。张辽回到许昌，箭疮迸裂而亡，曹丕厚葬之，不在话下。

却说赵云引兵杀出阳平关之次，忽报丞相有文书到，说益州耆帅雍闿结连蛮王孟获，起十万蛮兵侵掠四郡，因此宣云回军，令马超坚守阳平关，丞相欲自南征。赵云乃急收兵而回。此时孔明在成都整饬军马，亲自南征。正是：

方见东吴敌北魏，又看西蜀战南蛮。

未知胜负如何，且看下文分解。

裴注三国志·吴书·孙韶传

孙韶字公礼。伯父河，字伯海，本姓俞氏，亦吴人也。孙策爱之，赐姓为孙，列之属籍。吴书曰：河，坚族子也，出后姑俞氏，后复姓为孙。河质性忠直，讷言敏行，有气干，能服勤。少从坚征讨，常为前驱，后领左右兵，典知内事，待以腹心之任。又从策平定吴、会，从权讨李术，术破，拜威寇中郎将，领庐江太守。后为将军，屯京城。

初，孙权杀吴郡太守盛宪，会稽典录曰：宪字孝章，器量雅伟，举孝廉，补尚书郎，稍迁吴郡太守，以疾去官。孙策平定吴、会，诛其英豪，宪素有高名，策深忌之。初，宪与少府孔融善，融忧其不免祸，乃与曹公书曰："岁月不居，时节如流，五十之年，忽焉已至。公为始满，融又过二，海内知识，零落殆尽，惟会稽盛孝章尚存。其人困于孙氏，妻孥湮没，单孑独立，孤危愁苦，若使忧能伤人，此子不得复永年矣。春秋传曰：'诸侯有相灭亡者，桓公不能救，则桓公耻之。'今孝章实丈夫之雄也，天下谭士依以扬声，而身不免于幽执，命不期于旦夕，是吾祖不当复论损益之友，而朱穆所以绝交也。公诚能驰一介之使，加咫尺之书，则孝章可致，友道可弘也。今之少年，喜谤前辈，或能讥平皮柄反。孝章；孝章要为有天下大名，九牧之民所共称叹。燕君市骏马之骨，非欲以骋道里，乃当以招绝足也。惟公匡复汉室，宗社将绝，又能正之，正之之术，实须得贤。珠玉无胫而自至者，以人好之也，况贤者之有足乎？昭王筑台以尊郭隗，隗虽小才，而逢大遇，竟能发明主之至心，故乐毅自魏往，剧辛自赵往，邹衍自齐往。向使郭隗倒县而王不解，临溺而王不拯，则士亦将高翔远引，莫有北首燕路者矣。凡所称引，自公所知，而有云者，欲公崇笃斯义也，因表不悉。"由是征为骑都尉。制命未至，果为权所害。子匡奔魏，位至征东司马。宪故孝廉妫览、戴员亡匿山中，孙翊为丹杨，皆礼致之。览为大都督督兵，员为郡丞。及翊遇害，河驰赴宛陵，责怒览、员，以不能全权，令使奸变得施。二人议曰："伯海与将军疏远，而责我乃耳。讨虏若来，吾属无遗矣。"遂杀河，使人北迎扬州刺史刘馥，令住历阳，以丹杨应之。会翊帐下徐元、孙高、傅婴等杀览、员。吴历曰：妫览、戴员亲近边洪等，数为翊所困，常欲叛逆，因吴主出征，遂其奸计。时诸县令长并会见翊，翊以妻徐氏颇晓卜，翊入语徐："吾明日欲为长吏作主人，卿试卜之。"徐言："卦不能佳，可须异日。"翊以长吏来久，宜速遣，乃大请宾客。翊出入常持刀，尔时有酒色，空手送客，洪从后斫翊，郡中扰乱，无救翊者，遂为洪所杀，迸走入山。徐氏购募追捕，中宿乃得，览、员归罪杀洪。诸将皆知览、员所为，而力不能讨。览入居军府中，悉取翊嫔妾及左右侍御，欲复取徐。恐逆之见害，乃绐之曰："乞须晦日设祭除服。"时月垂竟，览听须祭毕。徐潜使所亲信语翊亲近旧将孙高、傅婴等，说："览已虏略婢妾，今又欲见偪，所以外许之者，欲安其意以免祸耳。欲立微计，愿二君哀救。"高、婴涕泣答言："受府君恩遇，所以不即死难者，以死无益，欲思惟事计，事计未立，未敢启夫人耳。今日之事，实夙夜所怀也。"乃密呼翊时侍养者二十余人，以徐意语之，共盟誓，合谋。到晦日，设祭，徐氏哭泣尽哀毕，乃除服，薰香沐浴，更于他室，安施帏帐，言笑欢悦，示无戚容。大小凄怆，怪其如此。览密觇视，无复疑意。徐呼高、婴与诸婢罗住户内，使人报览，说已除凶即吉，惟府君敕命。览盛意入，徐出户拜。览适得一拜，徐便大呼："二君可起!"高、婴俱出，共得杀览，余人即就外杀员。夫人乃还缞绖，奉览、员首以祭翊墓。举军震骇，以为神异。吴主续至，悉族诛览、员余党，擢高、婴为牙门，其余皆加赐金帛，殊其门户。

韶年十七，收河余众，缮治京城，起楼橹，修器备以御敌。权闻乱，从椒丘还，过定丹杨，引军归吴。夜至京城下营，试攻惊之，兵皆乘城传檄备警，欢声动地，颇射外人，权使晓喻乃止。明日见韶，甚器之，即拜承烈校尉，统河部曲，食曲阿、丹徒二县，自置长吏，一如河旧。后为广陵太守、偏将军。权为吴王，迁扬威将军，封建德侯。权称尊号，为镇北将军。韶为边将数十年，善养士卒，得其死力。常以警疆场远斥候为务，先知动静而为之备，故鲜有负败。青、徐、汝、沛颇来归附，淮南滨江屯候皆彻兵远徙，徐、泗、江、淮之地，不居者各数百里。自权西征，还都武昌，韶不进见者十余年。权还建业，乃得朝觐。权问青、徐诸屯要害，远近人马众寡，魏将帅姓名，尽具识之，有问咸对。身长八尺，仪貌都雅。权欢悦曰："吾久不见公礼，不图进益乃尔。"加领幽州牧、假节。赤乌四年卒。子越嗣，至右将军。越兄楷武卫大将军、临成侯，代越为京下督。楷弟异至领军将军，奕宗正卿，恢武陵太守。天玺元年，徵楷为宫下镇骠骑将军。初永安贼施但等劫皓弟谦，袭建业，或白楷二端不即赴讨者，皓数遣诘楷。楷常惶怖，而卒被召，遂将妻子亲兵数百人归晋，晋以为车骑将军，封丹杨侯。晋诸公赞曰：吴平，降为渡辽将军，永安元年卒。吴录曰：楷处事严整不如孙秀，而人间知名，过也。

评曰：夫亲亲恩义，古今之常。宗子维城，诗人所称。况此诸孙，或赞兴初基，或镇据边陲，克堪厥任，不忝其荣者乎！故详著云。

孙韶封侯

编剧　过承祁

人物表

孙韶（生）——东吴将军。

徐盛（末）——东吴都督。

孙权（末）——吴主。

丁奉（花脸）——东吴将军。

曹丕（生）——魏主。

曹真（丑）——魏先锋。

刘晔（末）——魏参谋。

张辽（净）——魏将军

徐晃（净）——魏将军。

第一场　点兵

［一通锣鼓，将仕入账，徐盛登场。］

唱：魏起重兵犯江南，

水陆两路三十万。

战舰三千旗招展，

不见天日鼓角寒。

白：魏主曹丕御驾亲征，令曹真为前部，张辽、张郃、文聘、徐晃为大将，许褚、吕虔为中军，曹休为后军，刘晔、蒋路为参谋，来势汹汹。

唱：主命伯亮守荆州，

领兵不可妄轻动。

徐某虽然才不济，

愿为主公分忧愁。

自荐统领英雄汉，

隔江迎击魏凶寇。

白：那曹丕若敢渡江，定当生擒；若不渡江，哼哼！我也要杀他个大半，令其不敢正视东吴。升帐！

众：威！武！

［徐盛坐正。］

白：众将可齐！

卒：报——扬威将军孙韶，孙公礼，尚在途中，想必就要到了。

盛：(叹气) 唉！好一个慢军的小子！

［孙韶至帐外。］

唱：长江滚滚浪排空，

热血男儿做英雄。

生得虎胆龙筋骨，

六韬七略运筹中。

白：我觉看地形，有长江之险，过江可奇兵扰之，游而击之。尔后撤兵，隔岸观火。魏军若是渡江追击，我可射杀渡中，再来个火烧赤壁。哈哈哈！

［孙韶转身进帐。］

白：扬威将军孙韶孙公礼见过都督。

盛：曹丕来犯，众将可有良策？

［孙韶挺身而出。］

白：今日大王委重任以将军，欲破魏兵，生擒曹丕。将军何不早发军马，渡江于淮南之地迎敌？直待曹丕兵至，恐形势逼人哪！

盛：曹丕势大，更有名将为先锋，不可渡江迎敌。待他舟船集于一岸，我自有良策破之。

韶：何不趁曹军立足未稳，打他个措手不及。

盛：那曹丕手下皆为能征善战名将，怎不知偷袭之理。

韶：我军熟悉地形，可藏兵于芦苇荡中，那芦苇茫茫千里，料曹丕也猜不出何处藏有伏兵。

盛：若他放火烧了芦苇荡，又如何是好？

韶：赤壁一役，惨痛未消，量他不敢放火。他若放火，我便学那诸葛孔明再借一次东风。

盛：口出狂言，不可冒进，不可冒进哪！

韶：我手下有三千军马，更兼深知广陵地形。我愿自去江北，与曹丕决一雌雄，如不胜，甘当军令。

盛：不允。

［孙韶拜。］

韶：都督准了。

盛：不准。

［孙韶再拜。］

韶：准了！

盛：不准！不准！不准！

韶：（火冒三丈）想不到你安车将军却是个无胆无谋的鼠辈。

盛：（大怒）我若顺了你，安能治诸将乎？来人！孙韶不听号令，推出帐外斩了。

［刀斧手拥孙韶出辕门之外，立起皂旗。］　［切光，鼓乐起，追光。］

［吴主孙权上。］

唱：听得徐盛斩孙韶，
　　不由心急如火烧。
　　韶本王兄之义子，
　　焉可任其把命抛。

［扬鞭。］

白：快马！快马！

唱：到了校场我忙下马，
　　顾不得礼仪奔走忙。
　　心急急，汗涔涔，
　　不知如何来收场。

［帐内。］

盛：行刑。

卒：得令。

权：刀下留人。

［刽子手一看吴王，停止行刑。孙韶一见吴王，大哭。］

白：吴王，我冤哪！

唱：想当年在广陵，
　　深知山川地利。
　　欲决战就在那芦苇荡中，

机不可失，时不再来。

待魏兵下了长江，

只怕东吴危难挡！

卒：报——吴王驾到。

盛：待我迎驾。

[一通锣鼓，吴王孙权正中坐定。]

徐：启奏大王，大王命臣为都督，提兵拒魏。将军孙韶不遵军法，违令当斩，大王何故救之？

权：韶倚血气之壮，误犯军法。万希宽恕啊！

盛：法非臣所立，亦非大王所立，乃国家之典刑也，若以亲而负之，何以令众乎？

权：韶犯法，本应任将军处治。怎奈此子乃孤兄义子，今若杀之，孤负兄义矣！

盛：且看大王之面，寄下死罪。

权：快传孙韶进帐！

卒：主公有旨，孙韶进帐！

[孙韶拜过主公，立于一旁，不拜徐盛。]

权：公礼还不拜谢都督。

[韶不肯拜。]

白：依我之见，引军破曹，必建奇功，尔这等见识，我死也不明。

[徐盛变色。]

权：还不退下。

[孙韶退，吴王转向徐盛。]

白：这狂妄小子，就是没有他，我东吴有何损失？今后不要用他就是了。

盛：领命。

权：摆驾回宫。

众：恭送。

［一阵锣鼓，散场。］

第二场　激战

［孙韶上。］

唱：夜沉沉，风萧萧。

破曹军，在今宵。

可叹统兵见识短，

本可大胜，只谋小算。

白：(叹气) 唉！我只引本部三千，潜过江去。

［孙韶下，徐盛上。］

唱：孙韶小儿，狂悖难驯。

擅作主张，引兵渡江。

若不援兵，为恐有失。

损兵折韶，我主心伤。

白：为恐有失，吴王面上不好看哪。为今之计，密派丁奉，引三千兵接应。(呼) 丁奉，丁奉！

［丁奉出。］

白：末将在。

盛：附耳过来，如此这般。

［切光。］［光亮。］［魏王曹丕，先锋曹真，参谋刘晔上。］

唱：龙舟济帆到广陵，

好一派江南美景。

承父王志平天下，
放眼望，
渔火明灭，
芦影幢幢，
好似那——
英雄魂荡。

白：江岸有多少兵卒？

真：隔岸远望，不见一人，亦无旌旗营寨。

丕：此必诡计也，待朕自往观其虚实。

唱：龙舟开江道，
龙凤应乾坤。
五色旌旗展，
仪銮簇星月。
遥望江南夜，
空不见一人。

丕：可渡江否？

晔：兵法虚虚实实，见大军至，焉有不备。陛下不可造次。且待三五日，察其动静，然后发先锋渡江挥之。

丕：正合朕意。

[君臣回营。众退下，丕自眠。天微明，丕醒。]

唱：江波荡漾，
月黑风高。
一梦春杨，
莺声啭响。

[一阵锣鼓，灯火明耀天地。]

丕：此何故也？

真：想必闻陛下天兵来到，东吴兵士望风逃窜。已乱成一锅粥了，一锅粥了。

丕：哈哈哈——

唱：天晓雾迷漫，

如瑶琳蓬莱。

白：起风了。

唱：风吹江面雾散尽，

江南连城好光景。

城楼抢得丽日耀，

遍插旌旗到天门。

卒：报——南徐沿岸，数百里城郭，舟车连绵，一夜成就。

［曹丕大惊。］

丕：(叹) 啊！魏虽有武士千群，无所用之，江南人物如此，未可图也！

［正惊讶间，狂风大作，白浪滔天，江水溅湿龙袍，大船将覆。］

［曹真慌令文聘撑小舟，急救驾，曹丕下到小舟，奔入河荡。］

卒：报——赵云引兵出阳平关，径取长安。

丕：啊呀呀！回军！

［各军各自奔走，岂料孙韶引奇兵至。一番厮杀，魏兵不能抵挡，折其大半，淹死无数。］

真：护驾！

［魏主渡淮河，行三十里，到一片芦苇荡了，忽然风起，大火顺风而至，火焰漫空，丕不见敌兵，大笑，哈哈！］

白：我料东吴无人，如在此设伏人马，朕命休矣！

［忽然间闪出一队军马，来人正是东吴丁奉。］

奉：东吴丁奉在此恭候魏主多时了！

丕：朕命休矣！

[张辽出场。]

辽：陛下切莫惊慌，有末将张辽在此。

奉：张辽吃丁某一箭。

[丁奉一箭正中张辽之腰，正好徐晃赶到，过了数招，将张辽救了，保魏主而去。此时，孙韶又掩杀过来。]

白：曹贼哪里走？

[两军厮杀数百回合，魏折军无数，魏主夺路而逃，大败而回。]

[切光。][光亮。][徐盛遇孙韶。]

韶：末将错怪都督了，如没丁奉将军援兵，怎能如此大胜？

盛：本都督小看将军了。将军能出此奇谋，真乃少年英才，有将军如此，东吴之幸也。

[徐盛、孙韶、丁奉相视大笑，哈哈哈——]

第三场　封侯

[一阵锣鼓，文武大臣上朝，吴主孙权金銮殿正中坐定。]

侍：奉天承运，皇帝诏曰：朕知扬威将军孙韶公礼，功勋卓著，为表其建功立德，加封建德侯，封邑自富春县划出，设建德县。钦此！

韶：谢陛下！万岁万岁万万岁！

众：恭贺孙侯爷！

韶：谢过！谢过！哈哈哈——

众：哈哈哈——

[一阵锣鼓。剧终。]

谈三国时期的东吴文化

洪淳生

第一节　与严州有关的三国史实

一、吴国太倚井教子

传说孙权的外婆家在建德市梅城镇。梅城从古至今一直流传着吴国太倚井教子的故事。1990 年，建德县梅城镇人民政府在梅城石板井头井旁竖立一块石碑，上面刻着碑文："六合古井，井深 7.5 米，水深 6 米，周围石板砌成。相传东汉末年，丹阳太守吴景家用水井，亦称吴国太教子井。吴景姐为孙坚夫人，生有策、权、翊、匡四子及一女儿。孙坚东征西讨，一门四孙一孙女在外婆家长大。一千八百余年来，居民世代在此汲取甘泉。录《建德县志》。梅城镇人民政府一九九〇年七月立。"2004 年 1 月，建德市文物管委会又在此竖立一块石碑，刻着碑文："建德市重点文物保管单位六合古井，建德市人民政府 2003 年 2 月 28 日通过，建德市文物保管委员会 2004 年 1 月 28 日立。"

关于吴国太教子井这一古老传说是否仅是当地老百姓和市

(县)、镇政府一厢情愿的事情呢？不是的，这里有《三国志》卷五十《吴书·妃嫔传第五》中裴松之引用《会稽典录》一书为《三国志》作注可以引证说明这一故事。《会稽典录》曰："策功曹魏腾，以迕意见谴，将杀之，士大夫忧恐，计无所出。夫人乃倚大井而谓策曰：'汝新造江南，其事未集，方当优贤礼士，舍过录功。魏功曹在公尽规，汝今日杀之，则明日人皆叛汝。吾不忍见祸之及，当先投此井中耳。'策大惊，遽释腾。夫人智略权谲，类皆如此。"

从这则引文中我们不难看出，吴国太倚井教子的故事并非空穴来风，历史上是实有其事并且是有案可稽的。从中我们还可以看出这位吴国太是很有主见和个性的女性，她在分析了孙策当时面临事业未成用人之际，如果任意开启滥杀士人之风，将带来众叛亲离的后果，指出了问题的严重性。同时还要逼迫儿子孙策采纳她的意见，如果不采纳，她将投井自尽。这一来孙策只有乖乖采纳她的意见了。当然，平心而论，这个意见是非常有远见，非常正确的，同时也看出吴国太的魄力与智慧。

吴国太的眼力还反映在她嫁给孙坚这件事情上。《三国志·吴书·妃嫔传第五》是这样记载的："孙破虏吴夫人，吴主权母也。本吴人，徙钱塘，早失父母，与弟景居。孙坚闻其才貌，欲娶之。吴氏亲戚嫌坚轻狡，将拒焉，坚甚以惭恨。夫人谓亲戚曰：'何爱一女以取祸乎？如有不遇，命也。'于是遂许为婚，生四男一女。"

孙权母亲在家人竭力反对之下，她坚信自己的判断与看法，据理力争，一定要嫁给被人认为行为"轻狡"的孙坚，真是非常不容易。

另外在孙权少小年纪继承哥哥与父亲的事业，军政不稳之时，又是母亲为他做好辅助工作，这些在《三国志·吴书·妃嫔传》中都有记载："及权少年统业，夫人助治军国，甚有补益。建安七年，临薨，引见张昭等，属以后事，合葬高陵。”

二、建功立德——建德侯孙韶

“建德”自三国黄武四年，即公元 225 年，析富春县置建德县。一千七百八十四年以来，一直作为州府、专区地名，解放后又作为县（市）地名。说起这个地名，该是孙权的功劳，是他封自己的爱将孙韶为建德侯，这块土地成了孙韶的封邑，才有这袭用一千七百余年的地名（当然，中间还用过睦州、严州这两个地名）。

史书《三国志》中记载了孙韶其人。孙韶是浙江建德人。韶，字公礼。他的伯父名叫孙河，字伯海，姓俞，是吴郡人。孙韶伯父最早是姓孙的，后来出继给姑妈做儿子，改姓为俞。后来姓孙，既是孙权因他有战功赐姓于他，更是恢复了自己原来的祖姓孙姓。这在《三国志》裴松之引用的《吴书》一书中有记载。“河，坚（孙坚）族子也，出后姑俞氏，后复姓为孙。河质性忠直，讷言敏行，有气干，能服勤。少从坚征讨，常为前驱，后领左右兵，典知内事，待以腹心之任。又从策平定吴、会，从权讨李术，术破，拜威寇中郎将，领庐江太守。”

过去人们看了《三国志·吴书·宗室传》中“孙韶字公礼。伯父河，字伯海，本姓俞氏，亦吴人也。孙策爱之，赐姓为孙，列之属籍。后为将军，屯京城”这段话，都认为赐姓孙是赐给孙韶。《建德县志》《严州古城梅城》等书中都这样认为，实际上这是一种误解。当然《三国志》中这段文字不注意看是有些指代不明的。后经严州中学历史教师毛飞明先生专门分析订正，人们才认识到这一看法的错误。为什么呢，因为文中是“孙策爱之，赐姓为孙”。当年跟着孙策去打天下的只能是孙河，因为孙策在兴平二年（195）带兵渡江征讨吴郡时孙韶当时还只有八岁，不可能上战场，为此，也不可能赐孙姓于他。

孙河年纪不大，被自己人所杀。事情是这样的：当初，孙权杀了吴郡太守盛宪，盛宪的老朋友孝廉妫览、戴员逃入山中藏起来。孙权的弟弟孙翊做丹阳太守时，仍对他们以礼相待，使他们都来归附。妫览为大都督领兵，戴员为郡丞。孙翊作战勇敢，骁勇凶悍，果敢刚烈，有他哥哥孙策的风范。太守朱治推举他为孝廉，被司空征召。建安八年，孙翊以偏将军身份兼任丹阳太守，当时他年纪只有二十岁。由于他的性格，可能在平时容易得罪人，后来被他的随从边鸿杀害。当孙翊遇害后，孙河飞马疾驰奔赴宛陵。愤怒指责妫览和戴员，认为他们没有尽到职责，为什么不阻止这起悲剧事件的发生。妫览、戴员两人商议说："孙河跟孙翊关系不是非常亲近的，尚且这么严厉地指责我们，如果是讨虏将军孙权来了，我们两人就不可能活命了。"于是两人经过商量，就决定杀死孙河。

伯父孙河死时，孙韶还只有十七岁。孙韶就聚集了孙河留下来的兵士，修缮整治京城县域，建起瞭望敌情的高台，修理作战器具，时刻保持着高度的警惕性，以防备敌人的进攻。

孙权听说丹阳发生了叛乱，就带着部队前来平定丹阳的叛乱。当丹阳被平定后，孙权带领军队返回东吴。夜里到达京城扎营，孙权就想试探考察一下孙韶守城部队的警惕性与防守能力。孙韶的守城部队一发现敌情，马上进入紧急防卫状态。京城的士兵都快步登上城墙，迅速进入各自岗位，同时向其他守城部队传递军令，防备警戒。城头箭飞如雨，喧声动地。城外的攻城部队对孙韶守城部队的警备工作十分敬佩。孙权一看假戏真做，事情闹大了，马上派人前去说明事情真相。顿时，紧张的气氛才缓和下来，事情才得以停止。经过这次考验之后，孙权对孙韶的表现非常满意，同时也更器重他了，立即任命他为承烈校尉，统领孙河的军队，以曲阿、丹徒两县作为他的封地。于是，孙韶就按照自己当地的工作需要，自行设置官员，一切都像孙河在世一样。后来孙韶凭着自己卓越的战功，官至广陵太守、偏将军。公元 229 年，孙权在湖北武昌称帝后，就任命孙韶为镇北将军。在这之前，即孙权成为吴王之后，就升孙韶为扬威将军，赐封为建德侯。

孙韶做边防将领几十年，爱护关心自己的部下士兵，部下士兵都拼死替他效力。孙韶办事特别认真，在警戒边界的几十年时间中，每遇战事，总是派人深入敌后做好敌情侦察工作，这件事他总是当作一件非常重要的事来做。真正做到“知己知彼，百战百胜”。每次都能有备无患，所以交战后总能打胜仗。为此，青州、徐州、汝州等地的百姓都纷纷前来归附。魏国屯驻在长江边上的部队眼看无取胜的机会与可能，都纷纷撤兵远迁了。徐州、江淮一带，没有屯兵住人的地方有方圆几百里远。自从孙权西征，都城迁建武昌后，孙韶已有十几年没有朝见过孙权。后来，孙权又把都城从武昌迁回建业（现南京市），孙韶才又见到了孙权。孙权问起青州、徐州各个军营的主要情况，诸如人马多少、驻军远近、魏国将领的姓名，孙韶都能随口答出，准确无误。这让孙权感到非常放心与欣慰。孙韶身高八尺，仪容英俊，风度文雅，气宇轩昂，精神抖擞。望着眼前可爱的将军，孙权高兴地说道：“我很长时间没有见到公礼（孙韶的字），没想到你有这么大的进步。”从此，孙权就把更重要的任务交给孙韶去办，任命孙韶兼任幽州牧并授以节制部队的符节。赤乌四年，即公元 241 年，孙韶因病去世，享年五十四岁。孙韶的几个儿子都非常优秀，都是吴国的将军。

小说《三国演义》中塑造的孙韶形象是一个作战勇敢大胆，年轻气盛，风华正茂的青年将军形象。

魏主曹丕听说吴蜀要联合起来攻打魏国，心中十分恼火，于是就决定先下手为强，召集满朝文武大臣商议讨伐吴国。吴王孙权听到曹丕发动大军攻打吴国，心中十分恐慌，嘴上念念有词：“非陆伯言不能当此大任。”但此时陆逊却在镇守荆州，抽不出身来，怎么办呢？正在忧愁之际，有一名将军自告奋勇地站出来愿意担此重任，这个人就是徐盛将军。孙韶就是徐盛将军麾下的得力干将。徐盛领取作战任务后就着手部署，传令众官军多置器械，多设旌旗，以为守护江岸之用。从这些部署中可以看出徐盛的作战思想是稳重谨慎保守的，正如毛宗岗在点评此书中说的：“其地曰徐，其将曰徐，其用兵亦不疾而徐。”

面对徐盛保守的打法，孙韶勇敢地站出来，发表自己的看法，“今日大王以重任委托将军，欲破魏兵以擒曹丕，将军何不早发军马渡江，于淮南之地迎敌？直待曹丕兵至，恐无及矣。”徐盛听了孙韶的话，马上反驳：“曹丕势大，更有名将为先锋，不可渡江迎敌。待彼船皆集于北岸，吾自有计破之。”这时，孙韶主动请战：“吾手下自有三千军马，更兼深知广陵路势，吾愿自去江北，与曹丕决一死战。如不胜，甘当军令。”但徐盛坚决不同意。孙韶却执意要去。这可怎么办？在孙韶的再三请求下，徐盛火冒三丈：“汝如此不听号令，吾安能制诸将乎？”于是就让手下武士推出去准备斩首。孙韶部下一看真要斩孙韶，顿时飞报于孙权。孙权深知这位族侄的鲁莽勇敢，更爱其忠心耿耿，于是立刻前来解救。孙韶哭着向孙权禀奏道：“臣往年在广陵，深知地利；不在那里与曹丕厮杀，直待他下了长江，东吴指日休矣！”可见孙韶内心十分着急。但徐盛坚持临战前要稳定军心，非要对孙韶军法从事不可。孙权反复说情，还搬出他哥哥孙策，多次说及孙韶的勇敢及战功。最后徐盛看在吴主孙权的面上才饶了孙韶。可是早有计策在胸的孙韶却在半夜带领三千精兵，渡江过去迎战曹丕的部队了。徐盛毕竟是一军之主，只怕孙韶有什么闪失，对吴王孙权无法交代，于是叫来丁奉，授以密计，另外拨了三千精兵渡江前去接应。从这里可以看出徐盛是一个顾全大局的人，办事沉稳，不计较个人恩怨得失。

徐盛对丁奉授予的密计就是把江边芦苇扎成人形，穿着青衣，手执旌旗，立于假城疑楼之上，曹军一见这阵势，内心十分恐慌。正在这时又接到紧急消息，说赵云引兵出阳平关，径取长安。曹丕听后，大惊失色，正带部队丢盔弃甲往回撤时，忽听鼓角齐鸣，喊声大震，刺斜里一彪军马杀到：为首大将，乃孙韶也。魏兵不能抵挡，折其大半，淹死者无数。魏主曹丕带领残兵败将渡淮河时，行不到三十里，淮河中一带芦苇，预灌鱼油，尽皆着火。这就是徐盛早就安排下的计策之一。顺风而下，风势甚急，火焰漫空，截住龙舟。曹丕大惊，急忙下到随行的小船准备靠岸，这时龙舟已被大火烧着。曹丕在众官兵护拥下，慌忙上马。想不到岸上又有一彪人马杀来，为首的将军正是丁奉。魏军为了保护主子曹丕已损失许多人马。背后孙韶、丁奉夺得大批马匹、车辆、船只、器械。孙韶在这次战役中给曹丕军队以出其不意的重大打击，凭自己的英勇善战为吴国又立下新的汗马功劳。

综上所述，我们知道孙韶是一个非常有性格有主见的将军，英勇善战，对吴国忠心耿耿。虽然年轻气盛，但非常可爱。小说《三国演义》成功地为我们塑造了一个有勇有谋的战将形象。虽然从整部小说来说，孙韶的情节不多，但仅就这些篇幅，我们仿佛已看到栩栩如生、活灵活现的历史上真实鲜活的人物面容和性格。

孙权后裔在建德。为纪念建德侯孙韶，建德市有多处纪念性建筑。一是建德市新安江街道月坪公园中建有建德侯亭。二是建德市梅城镇大街上建有建德侯孙韶跨街石头大牌坊一座。三是建德市下涯镇丰和村孙家自然村建有孙家祠堂和建德侯庙。四是建德市梅城镇北门街保留吴国太教子井。五是建德市梅城镇南峰塔景区内建的五贤祠中为首的古代建德名人就是孙韶，另外四人是孟浩然、刘长卿、范仲淹、陆游。六是最近梅城镇政府又在梅城古城入城口建造了一座孙韶骑马作战的塑像，英俊威武。

建德孙姓与富阳孙姓乃同一祖宗。孙氏过去一直居住在河南洛阳。自齐景公赐齐大夫田书以孙姓，军事家孙武为三世孙。秦始皇统一中国，天下分为三十六郡，江南之富春是其中一郡，今富阳、桐庐、建德地域归富春郡所辖。魏晋之际，中原大战，全国出现人口第二次大迁徙，孙武之子明食邑富春，江南孙氏由此开始。乐安《孙氏宗谱》曾有记载："系出自有虞，降而田书受姓，食邑乐安（今山东博兴）；降而孙明，以父功食邑富春，此富春孙氏之由也。"田书受以孙姓后，以乐安为郡，生子凭，凭生武（孙武），孙姓由此誉载天下。谱又载："孙氏世居洛阳巩县，汉末国于三吴，街居富春。"孙武生有三子，老大叫孙驰、老二叫孙明、老三叫孙敌。孙权是从老二孙明这一支衍展而来的。孙明生孙腆，孙腆生孙胜。至十八世汉灵帝时，汉阳太守孙耽的长子，即振阳公孙钟曾种瓜于富阳平山，居住于瓜丘之地。孙钟生子孙坚，汉献帝时任长沙太守，孙坚生孙策、孙权、孙翊、孙匡四个儿子，另外还有一个女儿，名字历史上没有记载。孙权立国江东，为三国吴国大帝。时孙坚部将同族人俞河，本姓孙，曾过继给姑妈，后改姓俞，因作战勇敢，孙策赐姓孙，实际上是恢复孙姓，为孙策义子。孙河之侄孙韶于黄武四年（225）被封为"建德侯"，建德孙姓由此始，按世系排列为孙氏二十一世孙。孙韶后代始居梅城，五代十国时，因战乱迁居马目孙家山，并另建建德侯庙。每年都举行大型祭祖活动。目前建德市境内有孙姓人口 2821 人，占建德总人口 0.57%，主要集聚地在建德市下涯镇丰和村孙家自然村。

综上所述，孙韶是影响建德一千七百余年的历史人物。当然，他不光影响建德的历史进程，还影响当时东吴的历史进程，孙韶不光影响建德的过去，还将影响建德的未来。他那勇于开拓、不断进取的形象与建功立德的奋斗精神将永远成为严州地区人们永久的价值取向。

三、贺齐建县立郡

东汉末年，在魏、吴、蜀三国争夺天下的武力征伐中，孙吴为了巩固长江以南的后方基地，以对付曹、刘，对山越发动了多次征讨。山越人具有极强的地域观念，尚武习战，惯于山路疾走，很难征服。东汉建安十三年（208），东吴大帝孙权遣威武中郎将贺齐讨伐属丹阳郡的黟歙山越人民。

贺齐，会稽（今绍兴）人，建安元年（196），孙策临郡，举贺齐孝廉，少为郡吏，诛恶扬善。他胆识超群，勇猛过人，武艺高强，且英勇善战，深有谋略。当时歙之东乡，由于方姓南迁，中原文化的渗透，山越势力日趋减弱。山寨不攻自破，山越人大都弃械投降。史载：贺齐讨山越，“时武强（即遂安）、叶乡（淳安）、东阳、丰浦四乡望风先降，齐表言以歙之东乡新定里地叶乡（古威坪）为始新县。”当时古威坪一带，方储兄弟留下很多遗迹，如在七都口，方储“闻父老相传其地初苦，山涧流浅溉田不足，方仙翁马上一指，遂成塌，自是田不复旱，遂以村名塌村”。谱牒载：“一百十三世祖洪，方储三子，字弘之，又字高容，取陈氏女，生一子文亮，迁居永平。”方储兄弟方侪、方俨因受奸相张林谗害，自杀在塌村村下，人称为“血湖”。而且都建庙祀方储及兄弟，故这里汉风日盛，贺齐首先在古威坪建始新县，安营扎寨，作为征讨黟歙的根据地。

其时黟歙山越人仍顽强抗拒贺齐兵马的讨伐。特别是山越头领歙帅金奇，率万户山越民屯守安勒山；另一头领毛甘率万户屯守乌聊山；更有黟帅头领陈仆、祖山等率两万户屯守林历山。林历山四面壁立，高数十丈。道路危狭，地势险要，不容刀盾。陈仆、祖山两位山越头领凭险扼守，临高下石，贺齐官兵久攻不下，将士忧患，束手无策。贺齐毕竟是久经疆场之将军，他趁夜色亲自察看地形，选择山越人不备的隐蔽之处，精选轻捷、勇猛之士兵，乘夜以铁戈斩山为梯潜爬上山，再用垂布以援下人，士卒兵勇攀援而上，乘其不备偷袭，且四面俱鸣鼓角，呼号雷动，陈仆、祖山及部卒深夜突闻鼓角喊声，惊惧慌乱，不知所措，纷纷四处逃窜，陈仆等皆降。歙帅金奇、毛甘后也被征服。黟歙有7000多山越人被斩杀、降服，贺齐大获全胜，平定了整个黟歙地区。

黟歙完全平定，贺齐复表孙权“分歙之武强为新定县（遂安），歙之屯溪为黎阳县，休宁为休阳县，并黟、歙和先表建立的始新凡六县”。权遂割丹阳郡置新都郡，齐为太守，立府之发端。

贺齐作为新都郡第一任太守，管辖“一府六邑”。为突出郡府地位，加强与孙吴中央政权的联系，贺齐于东汉建安十四年（209），顺新安江而下选距威坪60里更宽广平坦的新安江畔筑建郡城，因贺齐所筑，人民称之为贺城。贺齐当年就将新都郡治迁入郡城。

建安十六年（211），吴郡余杭民郎稚合宗起乱，复数千人，贺齐出兵讨伐，即破郎稚。又上表分余杭为临水县，孙权亲自出祖道，以隆重的礼节迎接贺齐，两年后，贺齐更讨豫章（今南昌），迁奋武将军。建安二十年，他又跟从孙权征战合肥，次年又平定陵阳、始安、丹阳，三县皆降。贺齐拜安东将军，封山阴侯，后仍转战驰骋，东讨西伐，扬威四方，打下东吴半壁江山，是三国时战功赫赫的英雄。淳安古县志称他“保境安民忠武盖百世，置郡立县英略冠千秋”。

四、孙和父子被迁新都郡

赤乌四年（241），太子孙登去世。第二年，即赤乌五年（242）正月，孙权立第三个儿子孙和为太子（按：次子孙虑已死）。孙和，字子孝，“少以母王（氏）有宠见爱，年十四，（孙权）为置宫卫，使中书令阚泽教以书艺”。据说，孙和“好学下士，甚见称述”。立为太子时，年纪已经十九岁。孙权命令精于学问的中书令阚泽为太傅，学有专精而且做过合浦、交趾太守的薛综为少傅，另外还将当时的学问家蔡颖、张纯、严维等派到太子身边，“皆从容侍从”。《三国志·孙和传》注引韦曜《吴书》说，孙和“少歧嶷有智意，故权尤爱幸，常在左右，衣服礼秩雕玩珍异之赐，诸子莫得比焉。好文学，善骑射，承师涉学，精识聪敏，尊敬师傅，爱好人物（蔡）颖等每朝见进贺，和常降意，欢以待之。讲校经义，综察是非，及访谘朝臣，考绩行能，以知优劣，各有条贯”。他还对博弈之害，很有一套看法，经常对人讲，士人应当“讲修术学，校习射御，以周世务，而但交游博弈以防事业，非进取之谓”。由此看来，孙和做太子，真是一个非常适合的人选。但麻烦的是这年的八月，孙权又封第四个儿子孙霸为鲁王。孙霸，字子威。《三国志·吴书·孙霸传》上说：“和为太子，霸为鲁王，宠爱崇特，与和无殊。”尚书仆射是仪当时兼领鲁王傅，甚感不妥，上疏劝谏：“臣窃以为鲁王天挺懿德，兼资文武，当今之宜，宜镇四方，为国藩辅。宜扬德美，广耀威灵，乃国家之良规，海内所瞻望。且二宫宜有降杀，以正上下之序，明教化之本。”尚书仆射是仪一连上了三四份疏谏，劝告吴主孙权，但晚年的孙权就是糊涂，一直听不进去。在这件事上，孙权是欠考虑的。孙权给孙霸相当于太子的待遇。这样做既使孙霸有了非分之想，又让手下的朝廷官员们不知如何是好，很自然地分为两派。同时给人的感觉是孙权在接班人问题上，还在犹豫矛盾，还没有最后铁板钉钉地下定决心，还不成熟，造成了朝廷不应有的混乱，给后来的政局埋下了相互挤兑，相互残杀的祸根。孙权生前，许多有远见的大臣如丞相陆逊，太常、平尚书事顾谭，太子太傅吾粲都苦口婆心地反复劝告孙权，要他改变目前这种平分秋色的状况，但执拗的孙权就是不听，甚至还处分了给他提意见的忠心耿耿的大臣。太子太傅吾粲还因此被下入牢狱，最后死在狱中。这中间，还有一位人物起了很坏的作用，她就是全公主（一作长公主）。据记载，全公主（按：名鲁班步夫人生）与孙和的母亲王夫人不和。有一次，孙权得病，孙和到祖庙中为父亲祈祷。孙和妃子的叔父、扬武将军张休居住在宗庙附近，因而邀请孙和到家里坐坐。这时，被全公主派去跟踪的人看到这一情况，就向全公主报告。于是全公主就乘机向孙权进谗言，说“太子不在庙中，专就妃家计议”，又造谣说“王夫人见上寝疾，有喜色”。孙权听了全公主的谗言，不禁大怒。从此就慢慢地冷落王夫人，对孙和的宠爱也比过去减弱了。最后致使“（王）夫人忧死，而和宠稍损，惧于废黜”。于是，事情就变得越来越糟糕。太元二年（252）正月，孙权封孙和为南阳王，派遣他到长沙。这年四月，孙权驾崩。诸葛恪执掌朝政，大权独揽。诸葛恪是诸葛亮的侄儿，即诸葛瑾的大儿子。从小就特别聪明，很得孙权的喜欢。二十岁时就被封为骑都尉，与顾谭、张休等人侍奉太子孙登，为他讲论儒家的仁义之道和礼、乐、射、御、书、术等六艺，都成为孙登的宾客和朋友。诸葛恪执掌朝政开始时还比较得人心，“罢视听，息校官，原逋责，除关税，事崇恩泽，众莫不悦。恪每出入，百姓延颈思见其状”。军事上也取得了胜利。所以，有些志得意满。诸葛恪就是孙和妃子张氏的舅舅。张氏派黄门陈千到建业（现江苏南京）宫内上疏，并向诸葛恪致以问候。陈千临走时，诸葛恪对他说：“为我转告王妃，到时我一定让她超过其他人。”这话后来无意之中就泄露出去了，引起了许多人的嫉恨。皇宫中是十分复杂的地方，千万不可随便乱说话。诸葛恪真是太大意，说话也太随便了，认为自己手中有权，就可以任意而为，忘乎所以，没有想到自己的对手正虎视眈眈地盯着自己。更何况诸葛恪还有迁都的想法，他派人去修治武昌的宫殿，民间就有人联想到他与孙和的关系，说他是想迎回孙和。这下事情就变得更加复杂了，由一般的人情关系上升到朝廷的政治关系，使大家对这一事情都变得十分敏感了。一个已经废除的皇太子，如果再要迎回来，则朝廷的混乱将变得不堪设想。加上不久前，他做了一些有违人心的事情，如“违众出军，大发州郡二十万众，百姓骚动”。紧接着，军事上又连连失利，“众庶失望，而怨黩兴矣”。这时，野心家孙峻，“因民之多怨，众之所嫌”，污蔑诸葛恪想造反，“与亮谋，置酒请恪”，把诸葛恪灌醉后，乘机杀了他。孙峻还剥夺了孙和印玺绶带，把孙和迁到新都，又派使者赐孙和一死。孙和和张氏告别时，张氏伤心地说：“无论吉凶如何，我都一定要跟着你。终归一句话，我不可能一个人活在这个世界上。”在孙和自尽不久，张氏也自杀了。真是其事可悲，其情可敬。举国上下都为他们感到悲伤。这里所说的新都，就是古代的新都郡。是东汉建安十三年（208）从丹阳郡中分出来，新成立的一个郡。《三国志·吴书·吴主传》说：孙权“使贺齐讨黟、歙，分歙为始新、新定、犁阳、休阳县，以六县为新都郡”。治所在始新县（今浙江淳安县），属扬州。在今天属浙江管辖的有始新县和新定县（始新县为今浙江淳安，新定县为后来的浙江遂安县，后并入淳安县）两县。故址在浙江淳安县西面的威坪镇。后不久又移治所到贺城。西晋太康元年（280）改为新安郡。孙休即位后，封孙和的儿子孙皓为乌程侯，孙皓等人才离开新都郡迁回他自己原来的封邑。孙休死后，孙皓登基做了皇帝，当年就追谥父亲为文皇帝，改葬明陵，安置园邑二百户人家设立令、丞来奉守。

第二节　山越民族的历史沿革及山越文化

严州文化在发展过程中受到来自中原的汉文化和楚文化、吴文化、越文化的影响，从渊源上来说，越文化对它的影响更大一些，古时自然的、政治的、军事的、经济的交往和活动都会对它的文化产生重要的影响。古时候的山越文化，后来经过岁月的淘洗，虽然已经褪色很多，但它的精华还在，它成了严州文化的重要组成部分。当然，从整体上以及后来的发展来说，具体说就是三国以后中原文化比越文化对严州文化的影响更大。

一、山越的名称及源流

古时，严州地区相对于中原地区来说是蛮夷之地，属山越族。《中国历史大辞典·民族史》（上海辞书出版社）分册对“山越”一词是这样解释的：“山越，古族名。指东汉末、三国时越人。名称始见于《后汉书·灵帝记》，《资治通鉴·灵帝建宁二年》胡三省注：‘山越本亦越人，依阻山险，不纳王租，故曰山越。’”分布于孙吴诸郡县山区，后亦有被迁于平地者。居住特点为大分散、小聚居。经过长期发展逐渐融合于汉族。隋唐及宋尚偶有记载，宋以后不复见于文献。

战国秦汉之际，我国东南部的主要居民是越人，包括分布在浙江、福建的东越和闽越，分布在广东、广西的南越与骆越。汉武帝时，分别将东越、闽越迁徙到江、淮间，并在南越、骆越地区设置了郡县。这样，大部分越人就成了封建王朝的编户齐民，逐渐融合于汉族之中。但是，也有许多越人不愿离开故土，以及为了逃避战乱和封建地主阶级的统治与剥削，住进深山。少部分人甚至逃亡海上，其中，有些越人可能到达了今日的台湾等岛屿。这些避住深山或逃亡海岛的越人，被称为“山越”“山夷”“山民”，或被诬称为“山寇”“山贼”等，而以称“山越”最为普遍。

“山越”之名最早见于《后汉书·灵帝纪》：建宁二年（169）九月，“丹杨山越贼围太守陈夤，夤击破之”。以后，关于山越的记载，史不绝书。如《三国志·吴书》孙策、孙权、诸葛恪等传，《晋书》卷三十四《杜预传》、卷六十六《陶侃传》，都有关于“山越”或“山夷”的记载。吕思勉说，“山夷即山越”（《燕石札记·山越条》）。《陈书》卷三《世祖本纪》，《南史》卷二十四《王准之传附王猛传》，《北史》卷七十五《苏孝慈传》，都说隋文帝时有山越活动。《新唐书》卷一百八十二《裴休传》，《旧唐书》卷一百六十四《王播传》，则为我们留下了唐德宗贞元（785—804）及唐懿宗咸通十四年（873）仍有山越的记载。因此，王鸣盛说：“山越历六朝至唐，为害未息。”（《十七史商榷·山越条》）封建史学家的所谓“为害”，实际就是山越人民的反抗斗争。此后，山越之名遂从史籍中消失。这就说明，山越这个少数民族，在我国历史上活动了700年（169—873）左右，即公元2—9世纪，最后融合于汉、壮、瑶等民族之中。所以顾炎武说：“岭表溪峒之民，古称山越。”（《天下郡国利病书·广东七峒僚条》）

元朝胡三省作《资治通鉴注》，给山越下了这样的定义：“山越本亦越人，依阻山险，不纳王租，故曰山越。”（《通鉴》卷五十六汉灵帝建宁二年条）胡三省下的定义基本上是正确的。因为这个定义表述了山越与古越人的渊源关系，以及他们的山居、不隶封建王朝户籍、不纳租赋、不服徭役等特点。但这个定义不够确切，需要加以补充。因为在山越之中，还有许多逃亡进去的汉人。两汉时期，特别是东汉末年，豪强兼并土地，吏治腐败到了极点。地虽广而农不得耕，粟贵如金而民不得食。残酷的阶级压迫与沉重的经济剥削，使得汉族农民破产，纷纷逃避到封建统治力量薄弱的山越地区。他们与山越人民一起从事生产，共同反抗官府，甚至互通婚姻，结果“习其风土”，俨然成了一族之人。因此，山越之中加入了一部分汉人，应是没有疑义的。

综合以上叙述，我们是否可以给“山越”下一个这样的定义：山越，是东汉末年由古代越人的遗裔与部分汉族人，在我国东南部山区，经过长期的共同劳动与斗争，逐渐融合而形成的一个少数民族。直到唐朝后期，方融合于汉、壮、瑶等民族之中。

二、山越民族历史上几次大的变迁。

山越民族历史上几次大的变迁。一是远古时期三次海侵事件的影响。从远古时候起，就有一个叫“越”的民族居住在宁绍平原。他们从晚更新世起，就在这里居住生活，繁衍生息。第四纪古地理研究的成果证明，宁绍平原从晚更新世以来，曾经经历了三次大的海侵，即星轮虫、假轮虫和卷转虫的海侵。星轮虫海侵发生在距今10万年前。建德市李家镇新桥村乌龟洞发现的“建德人”牙，据北京大学考古系年代测定实验室公布的在建德乌龟洞中同上部地层人类牙齿化石伴出的牛牙化石标本采用铀系法测定年代数据为10万年左右，也就是说“建德人”的生活年代应为距今10万年左右。虽然因为年代久远，我们不能肯定“建德人”就是绍兴迁移过来的“越人”，但我们可以推测，完全有这种可能。假轮虫海侵发生在距今4万年前。卷转虫海侵发生在全新世之初，即距今1.2万年前后。海侵发生，海水上升，陆地面积大为减少，于是居住在这里的越族人开始流散，正如著名历史地理学家陈桥驿教授在《绍兴水利史概论》中所描述的那样：“它们有的越过钱塘江到浙西和苏南丘陵区，这就是以后创造马家浜、崧泽、良渚等文化的句吴。”“另一部分安土重迁，留在这个地区的一些较高丘埠上，包括舟山群岛和平原上的一些孤丘之上。在流散的越族居民中，有很大一部分随着宁绍平原自然环境自北向南的恶化，逐渐向南部会稽、四明山区迁移。”（《吴越文化论丛》中华书局1999年版）大约在公元前2000年的新石器时代，新安江流域为三苗族居住。在唐、虞、夏三代，北方的华夏族曾多次征讨三苗族。夏王朝第六代帝王少康的庶子无余为祭祀大禹而成为于越部落的首领。当时兴起“文身断发，披草莱而邑”的越族，史学界称之为“百越”。唐代诗人柳宗元曾有“共来百越文身地”的诗句，可见“越族杂居，各有种姓，不尽少康之后也”。新安江流域的先民，历史上均被称之为“山越”。“山越亦本越人，依阻山险不纳王租，故曰山越。”浙西皖南山区，山谷险峻，地理环境形成远古时期生活的山越人。

二是秦始皇统一中国后，有感于原越国势力的强大，就强行将越族人分散迁移到浙西、浙北和皖南一带，其中就有后来设立的淳安县一带。公元前256年，秦灭周。公元前222年，秦将王翦率军南下，平定楚国的大片江南地域，招降越君，建立会稽郡，统一越国地盘。再后一年，秦消灭齐国，统一天下。秦王嬴政在陕西咸阳召开如何建立国家体制、制度及年号等方面的会议。从“泰皇”“五帝”两个词中各抽出一个字，重新合并，号曰“皇帝”，自认为从其开始，可以家皇帝，家天下，万代相传，故曰“始皇帝”。同时全国实现郡县制，法令由中央统一发布，在全国建立三十六个郡，从此建立以郡统县的行政区划体系，使普天之下莫非王土，真正成为皇帝一人领导之下的直属天下。秦在越国设立会稽郡，郡治在原吴国都城——吴（今江苏苏州）。当时，会稽郡的属地南面可以达到金衢盆地。也就是说后来的严州地区除淳安县地域属于安徽鄣郡歙县管辖外，其余如建德、寿昌、桐庐、分水四县地域都属于会稽郡管，属于会稽郡下面的富春县管。秦在越国这片土地上，县的设置大体分两次进行：一次是秦置会稽郡时，另一次是秦始皇东巡，上会稽，祭大禹时。据司马迁《史记》卷六记载：“（秦始皇）至钱塘，临浙江，水波恶，乃西百二十里，中狭中渡。上会稽，祭大禹，望于南海，而立石刻颂秦德。”据《越绝书》记载，当年，秦始皇令李斯作文并书颂秦德的这块刻石，后人称为“会稽刻石”，一直在越国古都流传下来。其文曰：

“皇帝休烈，平一宇内，德惠修长。三十有七年，亲巡天下，周览远方。遂登会稽，宣省习俗黔首齐庄。群臣诵功，本原事迹，追首高明。

“秦圣临国，始定刑名，显陈旧章。初平法式，审别职任，以立恒常。六王专倍，贪戾慠猛，率众自强。暴虐恣行，负力而骄，数动甲兵。阴通间使，以事合从，行为辟方。内饰诈谋，外来侵边，遂起祸殃。义威诛之，殄熄暴悖，乱贼灭亡。

“圣德广密，六合之中，被泽无疆。皇帝并宇，兼听万事，远近毕清。运理群物，考验事实，各载其名。贵贱并通，善否陈前，靡有隐情。饰省宣义，有子而嫁，倍死不贞。防隔内外，禁止淫泆，男女絜诚。大为寄假，杀之无罪，男秉义程。妻为逃嫁，子不得母，咸化廉清。大治濯俗，天下承风，蒙被休经。皆遵度轨，和安敦勉，莫不顺令。黔首修絜，人乐同则，嘉保太平。后敬奉法，常治无极，舆舟不倾。从臣诵烈，请刻此石，光垂休铭！”

秦始皇刻石的目的，就是要加强对越民族的强制教化。用中原文化来改造越文化。尤其对男女隔防，女子贞操给予特别的强调。这种严厉的教化，在越国故地是前所未有的。因为越人的强悍，而且还有一定的实力，这在秦始皇看来都是秦国潜在的威胁。为此秦始皇刻石的真正目的就是要对越民族采取强硬措施。但在采取措施之前，很有心计的秦始皇还要通过刻石来为自己制造一些舆论。舆论到位后，他就动手强制迁徙大批越民到浙西和皖南地区，也即新安江流域。后来严州地区的淳安县就是当时迁徙的重点地域。淳安夏属中华九州之一的扬州；春秋时先属吴后属越；战国时属楚。后秦国统一中国，建立郡县制的行政区划，分天下为三十六郡。初属会稽郡，仍是越地。秦朝对越族归化，采取强制性手段，令越民迁徙浙西、皖南等荒僻之处，同时又将北方“有罪吏民”流放越地。

三是汉武帝采取强硬手段，将中原大户迁到山越民族的居住地，同时将越人北迁。西汉王朝采取剿抚策略，令越民降汉，时淳安地区属丹阳郡、归歙县。西汉末年，北方战乱，大批地方士族避乱江南，随着避乱的还有大量的农民与手工业者。浙江是这次北人南移的主要地区之一，其结果是带来了中原文化，包括北方大量的劳动人口，也包括北方先进的农业、手工业技术，以及中原的人才和学术与思想的观念，导致山越文化与中原文化的基本同化。

据吏料及方氏宗谱记载，方氏鼻祖雷公，字天震，封于方山，居河南郡。汉平帝元始五年（5），方望之长子纮，为汉大司马长吏、汝南尹，因王莽篡乱，纮即携带家属避地丹阳歙县东乡（即今淳安）。汉建武元年（25）刘秀即位，方纮为丞相。方纮是最早南迁淳安，传播中原文化的士大夫。方纮有方旷、方远兑弟；方纮又有四子，长雄、次杰、三纲、四毅，且都为出类拔萃之人才。方雄，字代英，汉建武六年（30）拜尚书郎，后迁给事中，十一年为金牙将军，二十五年升云麾将军，后征战有功，拜西河太守。方雄又有三个儿子，长子方侪，少年英俊，善辨天文。汉明帝永平二年（59）举贤良为南郡守六郎君，后为太子门下大夫左侍郎。永平六年（63）封关内侯。

方储等兄弟虽遭奸相加害而死，但当时歙之东乡汉风日盛，人文蔚起。方储生三子，长子观之，任长城（今浙江长兴）县令；次子觌之，授关内侯；三子洪之，晋安县令，可谓显赫的官宦人家。所以他们当时能在贺城东北之迈山，修筑占地近百亩，雕有翁仲、石狮、石马、石羊等气势宏伟、壮观荫威的汉代古墓群。

比方姓迁淳晚180年的东汉皇室成员刘蒜，因避黄巾之乱，南迁歙东林兰（今光昌）。

当时淳安虽未建县，只属歙之东乡，但由于中原土族南迁，汉风日盛，为后来的贺齐建县立郡打下了基础。山越是我国古代的一个少数民族，其活动时代历汉晋至隋唐（约2—9世纪），分布在我国东南部的今江苏、浙江、安徽、江西、福建等省的山区。三国孙吴时，山越人数众多，盛极一时，曾与汉族人民一起，不断举行斗争，以反抗封建统治阶级的压迫与剥削。山越人民对于开发我国东南地区，繁荣祖国的经济和文化，做出了应有的贡献。

三、山越的分布与社会生活

孙吴立国，据有我国东南全部、中南一部分地区，即辖有今江苏南部、浙江、安徽、江西、福建、广东，以及湖南、湖北和广西的一部分地区。当时划分为扬、荆、广、交四州。山越主要分布在扬州的会稽、丹杨、吴、豫章等十一郡的山岭地区。就今天的行政区域来说，主要分布在江苏的宁（南京）、镇（镇江）、皖南、浙江全境、福建北部和江西东北部这一范围内，其中心则在皖南及与之相毗邻的山区。

山越主要分布在上述地区，可由《三国志·吴书》关于吴国君臣的行动得到证实。孙策曾在吴、会稽两郡“平定山越”。名将黄盖，曾严厉地镇压过山越的反抗斗争，“诸山越不宾，有寇难之县，辄用盖为守长”；“凡守九县，所在平定”。孙权于建安十三年（208），把歙县分为始新、新定、黎阳、休阳和歙五县，加上黟县为六县，立新都郡。贺齐因镇压这里的山越“有功”，被拜为太守。孙权之所以把一个县分成五个县，并不是因为人口增加很多，经济发展很快，主要是对山越采取分而治之的办法。后来，他于黄武七年（228）又分丹杨、吴、会稽三郡险地立东安郡，孙亮太平二年（257）分会稽东部立临海郡，孙休永安二年（259）分会稽南部立建安郡，孙皓宝鼎元年（266）分会稽地立东阳郡，分吴、丹杨二郡地立吴兴郡，其主要目的仍然是为了加强对山越的控制。孙皓曾明确说过："立郡以镇山越。"由此可见这些地区山越人数之多。

在今江西省的东北部地区，即当时的豫章、鄱阳二郡，也有很多山越人。鄱阳太守周鲂，为了诱魏军深入而消灭之，曾向魏将曹休写了一封诈降信，提出：要将军、侯印各五十方，郎将印一百方，校尉、都尉印各二百方，授给那些为曹魏所熟知的山越"旧族名帅"等，让他们做内应。周鲂所要印信如此之多，可能有所夸大，但绝不是虚构。总之，吴国的东南部，是山越的主要分布地区。

由于史料的不足，对山越的社会生活状况，诸如社会性质、经济、文化、生活习俗等，至今仍不甚了然。现仅据《三国志·吴书》的有关记载及前人研究成果，略述如下。

山越之民，悉居深山，大约处于大分散、小聚居的状态。《诸葛恪传》说："……丹杨地势险阻，与吴郡、会稽、新都、鄱阳四郡邻接，周旋数千里，山谷万重。"又说"山出铜铁"。他们用铜、铁铸造生产工具与兵器，种植谷物，自织布帛，过着自给自足的生活。故山越人"自首于林莽"，不入城市。山越地区，无所谓王法，也没有租赋徭役。

山越人民勤劳、勇敢，"俗好武习战，多尚气力"。他们翻山越岭，攀登悬崖，履荆棘如平地。因为长期生活在山区，练就了一副铁脚板。山越虽然是一个人口众多的民族，但是由于他们山居的隔绝，自给自足的经济条件，而没有形成统一的社会组织。他们只是

“聚族而居”，以部落、宗族或氏族为一个独立单位，互不统属，所以史书称山越的社会组织为“宗”，称山越人为“宗民”，称其首领为“宗帅”“大帅”或“帅”。大概在打仗时，“宗”与“宗”之间可以采取联合行动。因此，被称之为“合宗”。由于没有严密的组织，没有统一的部署和指挥，进攻时蜂拥而上，失败了各自奔逃，从而削弱了对封建统治阶级斗争的力量。所以，有人认为，山越的社会性质是：“阶级分野尚欠明朗，贫富分化尚未悬殊，故保有了较多的原始氏族公社残余，实质上是一种且耕且战的坞壁。”孙吴统治集团不仅把境内的汉族人民，而且也把山越当作奴役和压榨的对象，强迫他们缴纳租赋，从军服役，甚至还把他们赏赐给官僚地主做客户和奴婢。比之汉族，山越还要承受民族压迫之苦。孙吴统治者经常出动军队，掠夺山越人口，并大肆屠杀山越人。如林历山一战，山越人被杀者就有七千之多。诸葛恪当丹杨太守，曾用了三年时间，对山越实行围困和封锁。每到山越田地里的庄稼成熟，他就纵兵抢割一空，使山越人得不到颗粒粮食。山越入没有粮食度日，不得不扶老携幼，出山定居。仅此一举，孙吴就得到精兵四万。山越的老弱妇幼，则隶入吴国编户，供统治者奴役和驱使。这种残酷的阶级压迫、民族压迫和沉重的经济剥削，迫使山越与当地的汉族人民联合起来，共同开展反抗孙吴统治集团的斗争。

山越人民反抗孙吴统治集团的斗争，一种方式是抗租不交。如豫章太守华歆有一次要海昏、上缭两县的山越人出米三万斛。结果，搜刮了一个多月，才得到数千斛。山越人民反抗统治者的主要形式，还是举行武装斗争。他们凭借深山幽谷的险阻形势，使用自己铸造的铜铁兵器，一有机会，就攻没郡县，杀掠官僚、地主。据林惠祥统计，先后有60多个郡县的山越人揭竿而起，反抗孙吴统治，斗争此起彼伏，接连不断。在各地山越人的反抗斗争中，有很多支队伍，其中称“帅”的有12人，称“名”而无衔的有23人，不知“名”的带兵者还有10余人（见《中国民族史》）。这些首领中，有山越人，也有汉人。如余杭的郎稚，会稽的潘临，吴郡的严白虎，丹杨的费栈、陵阳，郡阳的尤突，以及黟歙一带的祖郎、焦已，都是当时知名的起义者首领。

山越的反抗斗争，本来就是孙吴的腹心之患，而豪宗大族、割据势力如袁术、刘勋、陈瑀、商升，以及敌国曹魏，又每欲利用山越的力量，以搞垮孙吴。如丹杨郡的山越首领费栈，“受曹公印绶，扇动山越，为作内应”。这就使孙吴面临着内外夹击的严重威胁，极大地牵制了孙吴与曹魏、蜀汉争衡的力量。陆逊曾说，“腹心未平，难以图远”。因为内部的不稳定，使得孙权“不遑外御，卑词魏氏”，采取向曹魏称臣、与蜀汉通好的权宜之策。孙权曾让张温出使蜀国，向诸葛亮解释他不得不臣魏的苦衷，并表示：一旦平定山越，就兴兵攻魏。

为了平定山越的反抗斗争，巩固内部，孙吴统治集团实行了镇压与安抚相结合的两手政策。孙权一方面“分都诸将，镇抚山越，讨不从命”，指挥贺齐、黄盖等对山越实行武装镇压；另一方面，又接受诸葛恪的请求，拜他为丹杨太守，让他实行长期围困的办法，强迫山越人出山定居。孙吴统治者采取的两手政策，既有给山越人民带来深重灾难的一面，如人口被大量杀戮，家园屡遭破坏等。在客观上又有积极的进步意义：第一，把山越人民迁出山外定居。结束了他们原先分散、孤立、隔绝于世的保守状态，加强了山越与汉族的联系，有利于生产技术、文化的交流，在客观上有利于山越族本身生产力的发展。同时，由于两族人民的交错杂居，彼此的语言、风俗等也得以交流。两族之人还相互通婚，加速了民族融合的步伐。第二，化消极力量为积极力量。以前，山越起来反抗孙吴政权，统治者又派兵镇压，抵消了吴国自身的力量。后来，孙权采纳了陆逊“取其精锐”“强者为兵，羸者补户”的建议，选拔了很多精壮的山越人当兵，增强了吴国与魏、蜀争衡的军事力量。赤壁之战，黄盖诈降曹操。他在给曹操的信中，为了强调“众寡不敌”的军事力量对比，说吴国“用江东六郡山越之人，以当中国百万之众”。我们从这句话中，可以看到孙吴军队中山越人数之众多。第三，促进了江南地区的开发。山越人民的出山定居，成为吴国的编户齐民，使吴国劳动人手大量增加。他们和北方南移的汉族人民一起，开垦了长江下游沿岸和太湖流域的许多荒地，促进了江南地区农业生产的发展。据吴国灭亡时（280）统计：吴国有 52 300 户，男女共 230 万人；兵 23 万，舟船 5000 余艘；国库积谷 280 万斛。晋初人说：吴国“牛羊掩原隰，田地布千里”“商贩千船，腐谷万庾”“荆扬户口半天下”。由此可以想见当时吴国人口兴旺，经济、文化发达的情形。

四、山越文化

山越人就是淳安的先民，生活在山涧峡谷中，以鸟或蛇为图腾崇拜。习水便舟、巢居、断发文身，善铸青铜器，善制印纹陶等。出土文物中的形制、纹饰色彩、构图风格具有浓厚的山越文化特色。从一些生产工具以及用来舂稻谷的石杵、石臼和用于存放谷物的瓮罐之类，说明当时的山越先民已经有相当规模的农业生产，他们过着“饭稻羹鱼”和“火耕水耨”的生活。从出土的铜箭头、铜口锛、曲刃铜刀来看，已能进行青铜的冶炼和青铜器的铸造。多处出土的陶纺轮，说明山越先民已能纺纱织布。淳安八都严家、王阜一带，至今还流传着一种古老的民间刺绣艺术——山越麻绣。它以粗麻布和青麻线、棉线为原料，完全用手工挑绣出青白相间、粗犷古朴的图案，似乎还留存着山越原生态文化印记。

淳安山越人在新安故地创造了山越文化，在山坡地垒石砌磅，修筑梯田梯地；将石头剖成石板盖房；他们度过了渔猎生活的原始社会阶段，进入了刀耕火种、善冶青铜的奴隶社会。山越人有自己的奴隶制王国，出土的青铜器中有奴隶形象的铜俑——三个女性奴隶双手上举，双膝下跪的图形。奴隶社会毕竟落后，由于社会动荡，长期战乱逃亡，弱肉强食，物竞天择，适者生存，山越人越来越少，且避居山涧，渐趋衰落。

孙吴时期江南生产技术、经济文化、交通贸易的发展，是汉族和山越人民共同劳动和智慧的结晶，也是山越族对祖国文明和中华民族的发展做出的应有贡献的明证。山越族是开发江南地区的先行者。

谈三国时期的人才竞争

洪淳生

三国时期是一个天下大乱，原有社会秩序被打乱，社会面临重新洗牌的局面与时期。各路英雄豪杰纷纷登上历史舞台，都想凭借自己的经济、军事、政治实力来主宰世界。当时除了经济竞争、军事竞争之外，人才竞争也是非常重要的竞争内容。因为谁占有了人才优势，谁就有可能取得天下。各路英雄其实后来已经逐渐演变到魏、蜀、吴三家了。下面我们就来看下他们是怎样开展人才竞争的。

一、魏国的人才竞争，重在用人之长

曹操作为一代枭雄，他深知高端人才的重要性。所以很早就注重高端人才的吸纳。早在210年（建安十五年）就颁布了《求贤令》："自古受命及中兴之君，曷尝不得贤人君子与之共治天下乎！及其得贤也，曾不出闾巷，岂幸相遇哉？上之人不求之耳。今天下尚未定，此特求贤之急时也。'孟公绰为赵、魏老则优，不可以为滕、薛大夫。'若必廉士而后可用，则齐桓其何以霸世！今天下得无有被褐怀玉而钓于渭滨者乎？又得无有盗嫂受金而未遇无知者乎？二三子其佐我明扬仄陋，唯才是举，吾得而用之。"这篇《求贤令》是公元208年，赤壁之战以后，三国鼎立的局面已经形成。赤壁之战的失利更让曹操看到了吸纳人才和重用人才的重要性。曹操并未因赤壁之战失利而灰心，为了完成统一大业，他不但从物质上、军力上积极准备南征，而且还从组织上采取了有效措施，改变过去那种“任人唯亲”的用人办法，因而颁布了这个《求贤令》。令中明确提出了“唯才是举”的用人新方针，转变传统的重用“廉士”，只重视品德而轻视才能的做法，他号召部下积极向他推荐地位低下而有才能的人。这充分体现了曹操敢于摒弃在用人问题上的旧传统、旧标准。

公元 214 年（建安十九年），曹操又颁布了《求贤第二令》：“夫有行之士，未必能进取，进取之士，未必能有行也。陈平岂笃行，苏秦岂守信耶？而陈平定汉业，苏秦济弱燕。由此言之，士有偏短，庸可废乎！有司明思此义，则士无遗滞，官无废业矣。”

公元 217 年（建安二十二年）八月，曹操为了进一步贯彻“唯才是举”的用人方针，发布了自公元 210 年（建安十五年）以来的第三道求贤令，即《求贤第三令》：“昔伊挚、傅说出于贱人，管仲，桓公贼也，皆用之以兴。萧何、曹参，县吏也，韩信、陈平负侮辱之名，有见笑之耻，卒能成就王业，声著千载。吴起贪将，杀妻自信，散金求官，母死不归；然在魏，秦人不敢向东，在楚则三晋不敢南谋。今天下得无有至德之人放在民间，及果勇不顾，临敌力战；若文俗之吏，高才异质，或堪为将守；负侮辱之名，见笑之行，或不仁不孝而有治国用兵之术：其各举所知，勿有所遗。”

曹操对于有真才实学的智谋人才，他是十分看重，倚为股肱，并很注意听取他们的意见，比如郭嘉和荀彧就是这样的人物。

郭嘉（170—207），字奉孝，颍川阳翟（今河南禹州）人。东汉末年，曹操帐下著名的谋士。郭嘉原为袁绍部下，后转投曹操，跟随曹操十一年，为曹操统一中国北方立下了重要功勋，官至军师祭酒，封洧阳亭侯。在曹操征伐乌丸时病逝，年仅三十八岁。史书上称他为“才策谋略，世之奇士”。曹操称赞他见识过人，是自己的“奇佐”。可惜，郭嘉英年早逝。为此，曹操专门上书朝廷，为追赠郭嘉封邑给汉献帝写了一封报告。报告写于公元208年（建安十三年）春。报告是这样写的：“臣闻褒忠宠贤，未必当身，念功惟绩，恩隆后嗣。是以楚宗孙叔，显封厥子；岑彭既没爵及支庶。故军祭酒郭嘉，忠良渊淑，体通性达。每有大议，发言盈庭，执中处理，动无遗策。自在军旅，十有余年，行同骑乘，坐共幄席。东擒吕布，西取眭固；斩袁谭之首，平朔土之众，逾越险塞，荡定乌丸；震威辽东，以枭袁尚。虽假天威易为指麾；至于临敌，发扬誓命，凶逆克殄，勋实由嘉。方将表显，命短早终。上为朝廷悼惜良臣，下自毒恨丧失奇佐。宜追赠加封，并前千户。褒亡为存，厚往劝来也。”

这份报告中对郭嘉的追思与惋惜之情表达得淋漓尽致。在曹操写给荀彧的信中，再次表达了对郭嘉的追思。《与荀彧书追伤郭嘉》是这样写的：“郭奉孝年不满四十，相与周旋十一年，险阻艰难，皆共罹之。又以其通达，见世事无所凝滞，欲以后事属之。何意卒而失之，悲痛伤心！今表增其子满千户，然何益亡者！追念之感深。且奉孝乃知孤者也。天下人相知者少，又以痛惜，奈何奈何！”“追惜奉孝，不能去心。其人见时事兵事，过绝于人。又人多畏病，南方有疫，常言：‘吾往南方，则不生还。’然与共论计，云当先定荆。此为不但见计之忠厚，必欲立功分，弃命定事。人心乃尔，何得使人忘之！”文中对郭嘉勇于任事，见事之明，奋不顾身等方面都给予了高度评价，同时表达了自己对他的深切怀念，这些都是发自内心的真情表白。表达了曹操对失去高端人才的痛惜之情。

对于用人标准，曹操也有自己的看法。在《论吏士行能令》中主要讲了选拔官吏的标准问题。此令发布于公元203年（建安八年)，曹操坚持因能授官、量功授赏的政策，否定了过去的以门第、资历和传统的“德行”作为选拔官吏的标准。坚持“不官无功之臣，不赏不战之士”的主张。文中仍然强调“德行”，说明曹操也不是完全只讲军功，不讲德行的人。他在《论吏士行能令》中这样说：“议者或以军吏虽有功能，德行不足堪任郡国之选，所谓‘可与适道，未可与权’。管仲曰：‘使贤者食于能则上尊，斗士食于功则卒轻于死，二者设于国则天下治。’未闻无能之人，不斗之士，并受禄赏，而可以立功兴国者也。故明君不官无功之臣，不赏不战之士，治平尚德行，有事赏功能。论者之言，一似管窥虎欤！”

曹操另外还有《取士勿废偏短令》《举贤勿拘品行令》等文章，都很好地阐述了他对人才的看法。

实事求是地说，曹操在识才、用才等方面都有自己一套自成体系的人才战略思想。

二、吴国的用人之道是通过意气相投来广罗人才

孙权的用人之道，远在刘备之上。他的兄长孙策就因为“善于用人”而著称于时。史书上说：“策为人，美姿颜，好笑语，性阔达听受，善于用人，是以士民见者，莫不尽心，乐为致死。”正因孙策善于罗致人才，所以乐为其用的人很多。没有几年便为孙权留下了文如张昭、张纮，武如周瑜、陈普等一批颇有谋略的领导人物。

孙权重学习，诚待将，善用贤能，又远在其兄之上。孙策生前即已觉察到这一点，所以他在弥留之际嘱以后事时特意讲到了年仅十九岁的弟弟孙权的这一突出优点，他说：“举江东之众，决机于两陈（阵）之间，与天下争衡，卿不如我；举贤任能，各尽其心，以保江东，我不如卿。”

孙权很懂得用人，很会用人，尤其善于驾驭将领。此点远过刘备、诸葛亮，而不亚于曹操。他虽然没有像曹操那样发表过诸如

《求贤令》《取士勿废偏短令》《举贤勿拘品行令》一类颇具思想内涵的告令，也没有像著史者称赞刘备那样为“弘毅宽厚，知人待士”，但他“任才尚计”之智也得到了历史的承认。

孙权懂得用人的重要性。他说过：“思平世难，救济黎庶，上答神祇，下慰民望。是以眷眷，勤求俊杰，将于勠力，共定海内。”他还说过：“天下无粹白之狐，而有粹白之裘，众之所积也。夫能以驳致纯，不惟积乎？故能用众力，则无敌于天下矣；能用众智，则无畏于圣人矣。”诚然的确像孙权所说的那样。“勤求俊杰，将于勠力，共定海内。”“用众力”“用众智”云云同曹操“吾任天下之智力，以道御之，无所不可”的思想是完全一致的。

孙权继承父兄基业之后，开设宾馆，招纳四方贤士。一年多的时间，由于人才相互引荐，会稽阚泽，汝南吕蒙，吴郡陆逊，琅琊徐盛，庐江丁奉等纷纷来投，得到众多文臣武将。因此，孙权在江东一时威名大震。

三国时期东吴的著名将领陆逊说得好：“舍长则短，天下无可用之士，取长补短，世上无可弃之人。”三国时期有不少杰出的人才，其为人有的傲慢不羁，有的不拘小节，有的生得丑陋，例如庞统，以貌取人的东吴，白白丢失了这些人才，这些人才最后得到了明主赏识，为打下江山立下了汗马功劳。

三、蜀国的用人之道重在建立性情相投的兄弟情谊及鱼水相依的君臣关系

三国的历史，其实也是一部人才竞争与实力角逐的历史。蜀汉就是三国鼎立中人才竞争与实力角逐的一条重要主线。以刘备、诸葛亮为代表的蜀汉集团从弱小走向强大的发展历程中贯穿着招纳人才这个占着极端重要性的战略思想，这一思想在试才、用才、育才等方面起着重要作用，充分说明有人才国家就兴旺，没有人才国家就衰亡这个颠扑不破的真理。

刘备对人才的认识在他初创时期重视程度是不够的，在早期基本上没有什么特别有才能的文人谋士。开始刘备只重视带兵打仗的将领，他不但得到了关羽、张飞的忠实支持，还得到了赵云的极力支持。由于缺乏战略上和政治上卓越的谋士之人，刘备虽拥有良将却不得不遭致失败。他曾经多次打仗失败，落荒而逃，东奔西走，基本上是连个落脚的地方都没有，几乎是流寇一样。当水镜先生提醒他说，这是因为没有能人辅助你刘备的缘故。刘备还不以为然地说，我武有关羽、张飞、赵云，文有糜竺、水镜先生。好像自我感觉还很好。毕竟是旁观者清，水镜先生笑着对他说，这些人虽然是忠良之辈，但无一人能辅助你办成建功立业的大事啊。刘备是三国时期立业最晚的一个，其间一个重要的原因是没有找到一个好的重量级的核心人才。这时刘备听了水镜先生的话才恍然大悟，茅塞顿开。从此之后，他开始注意这方面的人才了，后来他先后得到荆州一带士人徐庶、诸葛亮、庞统及马氏兄弟等人的大力支持，事业上才开始走上上升的道路。尤其是得到了诸葛亮和庞统，他们在夺取荆州这一重大事件中，是军中立下汗马功劳的人。从书中可以看到刘备是属于性情中人，他的招贤是尊重人才，重贤也是尊重人才，送贤更是尊重人才，而且层次一个比一个高，做起来一个比一个难。刘备心胸坦荡，挥泪送徐庶，故有徐庶走马荐诸葛这个感动千古的精彩故事。从某种意义上来说，对待人才全在一个“情”字，不同的“情”收到了不同的回报。由此可以看出刘备的用人之道。

在三国时期，人才的挖掘开发力度是空前的。一个集团为了垄断人才可以是费尽心机的，有时甚至是不择手段地引进自己所需要的人才，同时用好现有的人才，培育有发展前景的人才，留住关键性的人才。人才流动在当时也是空前绝后的，刘备思贤若渴，唯才是用为后人树立了典范，他成为后人思贤求贤，用贤惜贤的楷模，从《三国志》《三国演义》中我们可以看出刘备对人才的重视也是逐步加深认识的这样一个过程。刘备出身没落的皇族，当时他已经沦落到不得不靠编草席为生，他的皇族身份在初期也没给他带来什么政治优势。

刘备对人非常讲究感情的建立与融洽。由此可以看出刘备的一生，他以自身强大的政治号召力和自身的人格魅力吸引了大批人才，如关羽、张飞、诸葛亮、赵云等，个个都能独当一面，而且对刘备死心塌地，终生不渝。就拿刘备对徐庶来说，徐庶要走了，刘备非常难过，他说仿佛是失去了自己的左右手。后来徐庶临走时推荐了诸葛亮，于是就有了三顾茅庐的故事。诸葛亮自己在《前出师表》中也讲到这件事："臣本布衣，躬耕于南阳，苟全性命于乱世，不求闻达于诸侯。先帝不以臣卑鄙，猥自枉屈，三顾臣于草庐之中，咨臣以当世之事，由是感激，遂许先帝以驱驰。"在得到诸葛亮之后，尤其是听了诸葛亮在隆中的草庐中对当时形势的分析，他觉得诸葛亮对魏、蜀、吴三家的情况分析得非常透彻。诸葛亮虽然身处乡下，隐居于草庐之中，但对天下形势了如指掌，如数家珍，更重要的是诸葛亮还为刘备指出了未来的发展方向。这样一来，不由得他对诸葛亮不心生敬佩。从此，刘备与诸葛亮情同手足，每天吃住在一起，终日共论天下大事。正如刘备所说，我得孔明仿佛如鱼得水。

《三国演义》第四十二回赵云拼死救出阿斗，双手将阿斗递于刘备，刘备机智地将阿斗掷于地上说，乳子差点使我损失一员大将。赵云忙从地上抱起阿斗。赵云觉得刘备非常看重他，甚至于超过他自己的亲生儿子。从此，即使是肝脑涂地，也在所不辞。还有其他将领也是一样，他们都殚精竭虑地为西蜀强盛尽心尽责。不用说桃园三结义的忠义兄弟关羽、张飞，他们开始对诸葛亮不太服气，后来事实证明了诸葛亮的厉害，于是他们对诸葛亮也是言听计从，视若神明。这些都可以说明刘备及刘备军中的其他人对诸葛亮这类人才的极端重视。

在人才的使用上，刘备的大胆使用，推心置腹，委以重任，使其聚集了一大批人才。所以，刘家军文武人才勇猛绝世，忠诚第一。因此，我们从刘备身上可以看出，对人才就是要看实效看能力，这是发现人才使用人才的有效途径。当然人才也不可能是全才，即便是人才也如浑金璞玉，其中有时也不无杂质。善于用好现有的人才，才能吸引更多更优秀的人才的到来，这一点非常重要。

三国时代人才辈出，曹操、刘备、孙权都很重视人才的罗致和使用。清人赵翼在《廿四史札记》中就三国之主的用人特点概括说："人才莫盛于三国，亦惟三国之主，各能用人，故得众力相扶，以成鼎足之势，而其用人也各有不同者，大概曹操以权术相驭，刘备以性情相契，孙氏兄弟以意气相投，后世尚可推见其心迹也。"我觉得这个评价有道理，但不完全正确。曹操在人才问题上，他起步较早，抢占先机，同时，他又占有地域方面的优势，另外在政治上，他挟天子以令诸侯，占有重要的政治优势。所以，他的人才也特别多。但是，他对与自己意见不一致的人才，任意杀戮，而且对自己没有威胁的其他方面的人才也大开杀戮，这是很不应该的，比如杀了千古名医华佗，就背了一千多年的骂名，这是非常不理智的事情。刘备虽然起步晚，但他真心诚意地对待人才，所以后世对他评价较高。孙权用人前期很好，后期也有很多失误。这些经验教训值得我们去认真总结，足资借鉴。

2018 年 7 月 20 日星期五

后记

编辑出版《建功立德论孙韶》这本论文集是我多年来的心愿。今天在市委号召开展建功立德大讨论等各项活动时能编辑出版这本论文集我感到非常高兴。孙韶是建德这一地名的开山鼻祖，他凭着自己的丰功伟绩受封建德，他是我们学习的楷模。

文化要讲传承。建功立德的文化理应传承。因为它是满满的正能量。我们建德老一辈文史工作者很早就已经开展了对孙韶的研究。2012年，我在市委党史研究室工作，根据省三国水浒学会会长马成生老师的提议，在我们建德举办了一次有省内外研究专家参加的孙韶专题研讨会。后来在杭州市三国水浒学会会长王益庸的提议下，在市文联的大力支持与指导下，我们建德市三国水浒文化研究会于2014年4月正式成立了，这就为我们建德开展三国水浒文化的研究搭建了一个很好的平台，于是就有更多热心孙韶研究的本市研究专家加入到这一队伍中来，他们积极开展对孙韶的专题研究并在全国各地发表论文，宣传孙韶与建德，以此扩大建德在全国各地的知名度。建功立德是建德乃至古老的严州府城的灵魂，一千七百多年以来它激励着建德人民为建设美好家乡而努力奋斗。今天我们编辑出版孙韶研究论文集是对孙韶的最好纪念，也是为了让更多的人了解孙韶，学习孙韶，进而把建德建设得更加文明美好，繁荣昌盛。

洪淳生

2018年6月28日